本书是国家社会科学基金专项工程项目“十八大以来党中央治国理政的文化思想研究”
（批准号：16ZZD026）成果、北京市社会科学基金重大项目“到2035年建成社会主义文化强国研究”
（批准号：20ZDA27）成果。

国家出版基金项目
NATIONAL PUBLICATION FOUNDATION

“认识中国·了解中国”书系

“十三五”国家重点出版物出版规划项目

中国话语体系的建构

贺耀敏 著

中国人民大学出版社
·北京·

目 录

绪论　文化自信是话语体系建设之“魂”

一、文化自信理论是新时代的重大理论创新　1

二、文化自信是当代中国根本的文化和精神力量　5

三、文化自信是社会主义现代化国家建设的根本需要　9

第一章　话语体系建设势在必行

一、话语体系是思想文化与价值体系的表达　16

二、快速发展的中国需要加快国家话语体系建设　23

三、形成同综合国力和国际地位相匹配的话语权　27

第二章　中国的责任与使命

一、西强我弱：国家话语体系的现状与机遇　38

二、东升西降：国家话语体系建设的机遇与挑战　44

三、被歪曲的逻辑：伴随中国崛起的话语杂音　47

四、国家在话语体系建设中的责任　51

第三章　话语权与国家软实力

一、国家话语权与国家文化软实力　64

二、话语权与话语体系建设　70
三、国家话语体系建设　74

第四章　西方话语体系的前世今生
一、话语体系与治理体系　84
二、西方话语体系的强势维护　87
三、西方话语体系与经济特权　94
四、西方话语体系与政治霸权　101
五、西方话语体系与军事强权　106

第五章　中国的国际参与与话语权
一、西方话语体系面临严峻挑战　113
二、发展中国家被挤压的事实　119
三、中国的国际参与与国家话语权　124
四、“一带一路”与国际话语权　129
五、共同推进海峡两岸中华优秀传统文化的继承与创新　135

第六章　建立公平正义的全球治理体系
一、全球治理体系的历史与演变　144
二、积极参与引领全球治理体系改革　150
三、维护世界和平、促进共同发展　158
四、抵制保护主义、单边主义的中国方案　164

第七章　共建人类命运共同体
一、人类命运共同体的提出　172
二、人类命运共同体的思想渊源　176
三、中国推动构建人类命运共同体的努力　183
四、人类命运共同体获得越来越多的国际支持和认同　194

第八章　中国话语体系建设任重道远
一、塑造具有亲和力的中国国家形象　204
二、中国梦是中国话语体系建设的精神支柱和理想追求　208

参考文献　218

绪论　文化自信是话语体系建设之“魂”

文化自信是话语体系建设之“魂”。构建强大的文化自信是新时代的根本要求，是确保中国长期繁荣发展的战略任务。党的十八大以来，习近平同志对文化自信进行了系统的论述，形成了丰富的思想体系，文化自信的思想理论成为习近平新时代中国特色社会主义思想的重要组成部分。文化自信是中华人民共和国成立70多年乃至近代以来社会深刻变革的必然要求，文化自信是实现中华民族伟大复兴中国梦的重要保障。可以说，文化自信是话语体系建设的灵魂和指导，是文化强国建设的根本和基础。

因此，要想做好话语体系建设，首先必须深刻理解习近平同志关于文化自信的理论。

一、文化自信理论是新时代的重大理论创新

2016年11月，习近平同志在中国文联十大、中国作协九大开幕式上提出：“文化自信，是更基础、更广泛、更深厚的自信，是更基本、更深沉、更持久的力量。”党的十八大以来，把文化自信提到事关全局

性、战略性的高度来论述，是习近平新时代中国特色社会主义思想的重大理论创新之一。我们党历来重视文化建设和文化发展，特别是党的十八大以来，有关我国文化建设和文化发展的思想被高度提升和集中凝练为文化自信的理论。为什么要将文化自信放到这样的高度？这是因为文化自信的极端重要性，正如习近平同志指出的那样："坚定文化自信，是事关国运兴衰、事关文化安全、事关民族精神独立性的大问题。"① 可以说，文化自信是一个国家和民族成熟的标志。

作为习近平新时代中国特色社会主义思想的重要组成部分，文化自信理论具有丰富的理论内涵和实践价值，需要我们不断深入研究和探讨，不断阐释其中的理论要义。就其基本内容来说，包含着以下五个方面的内容：

（一）文化自信源自具有丰富内涵和悠久传统的中华优秀传统文化

习近平同志曾经如数家珍般地谈到中华优秀传统文化中的文学艺术并给予高度评价："在每一个历史时期，中华民族都留下了无数不朽作品。从诗经、楚辞、汉赋，到唐诗、宋词、元曲、明清小说等，共同铸就了灿烂的中国文艺历史星河。中华民族文艺创造力是如此强大、创造的成就是如此辉煌，中华民族素有文化自信的气度，我们应该为此感到无比自豪，也应该为此感到无比自信。"② 中华文明与世界其他古老文明的一个重大区别，就是中华文明的历史从来没有中断过。数千年来，我们的先民都辛勤耕耘在中华文明的沃土之上，创造了悠久灿烂的伟大文明和文明形态，积淀了博大厚重的历史经典和文化传统。这样更需要我们从这一灿烂辉煌的优秀传统文化和文化传统中去挖掘和吸收，从中获得"与生俱来"的文化自豪感和自信心。中华优秀传统文化和文化传统是当今中国文化自信的历史底蕴。我们可以肯定地说，中华优秀传统文化深厚的积淀和在当代中国所焕发出来的巨大时代活力，给了中国人民

① 中共中央文献研究室. 习近平关于社会主义文化建设论述摘编. 北京：中央文献出版社，2017：16.

② 同①17.

巨大的文化自豪感，让中国人民拥有了强大的文化自信心。

（二）文化自信源自中华人民共和国成立 70 多年来中国人民进行的社会主义伟大实践

中国人民的文化自信是伴随着我国迅速发展壮大的社会经济和正在提升的综合国力同步增强的，尤其是改革开放以来我国社会经济的快速发展和迅速崛起更赋予了文化自信前进的动力。在中国社会主义的伟大实践中，我们创造了革命文化和先进文化，形成了爱国主义的民族精神和改革创新的时代精神，这都是我们建设社会主义现代化国家创造的宝贵文化财富和精神力量。习近平同志高度概括了这一方面我们取得的伟大成就：“在五千多年文明发展中孕育的中华优秀传统文化，在党和人民伟大斗争中孕育的革命文化和社会主义先进文化，积淀着中华民族最深沉的精神追求，代表着中华民族独特的精神标识。我们要大力弘扬以爱国主义为核心的民族精神和以改革创新为核心的时代精神，大力弘扬中华优秀传统文化，大力发展社会主义先进文化，不断增强全党全国各族人民的精神力量。”①

（三）文化自信源自中国人民源源不断的文化创新和文化创造热情与动力

中华优秀文化具有巨大的向心力和凝聚力，古往今来吸引着无数执着的文化创造者和文明推动者，他们的才华和创造力如同涓涓细流融汇进中华文化的历史长河之中。毛泽东早在 1938 年 10 月党的六届六中全会上就指出：“今天的中国是历史的中国的一个发展；我们是马克思主义的历史主义者，我们不应当割断历史。从孔夫子到孙中山，我们应当给以总结，承继这一份珍贵的遗产。这对于指导当前的伟大的运动，是有重要的帮助的。”② 这些思想家、政治家为中华民族做出了巨大的贡

---

① 中共中央文献研究室．习近平关于社会主义文化建设论述摘编．北京：中央文献出版社，2017：15-16.

② 毛泽东．毛泽东选集：第 2 卷．2 版．北京：人民出版社，1991：534.

献，至今仍然是我们思想文化领域里的一座座丰碑。中华民族的历史上还出现了无数优秀的文学家、艺术家，正如习近平同志指出的："中华民族精神，既体现在中国人民的奋斗历程和奋斗业绩中，体现在中国人民的精神生活和精神世界中，也反映在几千年来中华民族产生的一切优秀作品中，反映在我国一切文学家、艺术家的杰出创造活动中。"①

（四）文化自信源自文化事业和文化产业的蓬勃发展

人类文明发展的历史和优秀文化发展的历史都表明，坚定文化自信既需要文化事业的大发展和一大批热心投身于文化事业的组织与个人的艰苦努力，也需要文化产业的大发展以及按照市场经济规律运作的现代企业组织的推动。特别是工业革命以来，文化发展的速度和规模都是以往任何时期所不能比拟的，尤其是最近数十年间科学技术的进步空前赋能于文化事业和文化产业，文化事业和文化产业的发展已经大大超过了以往数千年以来的全部积累。回顾中华人民共和国成立 70 多年来特别是党的十八大以来我国文化事业和文化产业的发展历程，我们可以十分清晰地看到一大批优秀的文化创造者、文化创新者的集体智慧和群体效应的作用，没有这样一大批能够深刻准确把握时代脉搏、反映时代进步的优秀文化创造者、文化创新者的激荡、涌现，文化自信就没有依托。邓小平指出："人民需要艺术，艺术更需要人民。自觉地在人民的生活中汲取题材、主题、情节、语言、诗情和画意，用人民创造历史的奋发精神来哺育自己，这就是我们社会主义文艺事业兴旺发达的根本道路。"② 文化自信的时代是群星璀璨的时代。

（五）文化自信源自良好而稳定的社会政治环境

社会政治环境是文化发展的重要保障，良好而稳定的社会政治环境反映并体现着一个国家文化发展的蒸蒸日上趋势，衰落而混乱的社会政

① 习近平．习近平谈治国理政：第 2 卷．北京：人民出版社，2017：350.
② 邓小平．邓小平文选：第 2 卷．2 版．北京：人民出版社，1994：211-212.

治环境反映并体现着一个国家文化发展的沉沦衰落趋势。坚定文化自信需要坚持正确的政治导向、弘扬正气的社会环境、开放包容的文化环境和坚定有力的政府引导。邓小平十分重视发扬党和人民在长期实践中形成的崇高精神，“大声疾呼和以身作则地把这些精神推广到全体人民、全体青少年中间去，使之成为中华人民共和国的精神文明的主要支柱，为世界上一切要求革命、要求进步的人们所向往，也为世界上许多精神空虚、思想苦闷的人们所羡慕”①。党的十八大以来，党和国家有关文化发展和文化建设的一系列政策措施，为树立文化自信营造了难得的条件和环境，特别是习近平同志关于文化自信的重要论述，激浊扬清、振聋发聩，是我们不断坚定文化自信的根本指导。在中华民族灾难深重的近代历史中，谈文化自信只能是一种“奢侈”。只有在实现中华民族伟大复兴中国梦的今天，文化自信才真正有了实现的环境和可能。

二、文化自信是当代中国根本的文化和精神力量

文化是一个国家、一个民族的灵魂，文化自信失而复得，来之不易。我们的前人不是不需要文化自信，也不是没有认识到文化自信的重要性。但是，他们所处的时代没有使文化自信成为那个时代的文化追求和基本任务。在中国传统社会中，中华文化取得了巨大发展，形成了鲜明的文化特色，但是在整个传统社会时期，中外文化交流还不充分、不频繁，中华文化和外部文化还没有出现激烈交锋与冲突，中国人对于自己的文化是有信心的，尤其是传统中国形成了一套自我认知程度很高的知识体系。

中外文化的激烈冲突是在 1840 年鸦片战争之后开始的。处于资本

① 中共中央文献研究室．习近平关于社会主义文化建设论述摘编．北京：中央文献出版社，2017：14-15.

主义并开展工业革命的西方和处于封建主义发展农业经济的中国交锋，其后果只能是西方国家战胜中国。但令人发指的是，西方资本主义列强对中国的军事侵略和经济掠夺是十分惨烈的，由资本主义列强发动的侵略战争几乎就没有停止过。鸦片战争、第二次鸦片战争、中法战争、中日甲午战争、八国联军侵华战争、日本全面侵华战争等，无不对中国造成了巨大的破坏。诚如甲午战争后抗日保台志士丘逢甲在所悲吟的《春愁》中写道："春愁难遣强看山，往事惊心泪欲潸。四百万人同一哭，去年今日割台湾。"同样的情感在谭嗣同的《有感》里更是淋漓尽致地抒发出来："世间无物抵春愁，合向苍冥一哭休。四万万人齐下泪，天涯何处是神州?"中国沦为西方列强瓜分的"肥肉"，文化自信从何谈起!

中国传统社会原有的知识体系也受到了西方文化的空前挑战，面临前所未有的冲击，此后逐渐形成的中国近代知识体系则主要是借鉴或照搬西方知识体系。辛亥革命后，孙中山不断强调中国人民"心的建设"，就是希望中国人民要有新的精神风貌。但是，这种愿望在国家和人民饱受侵略和掠夺的近代中国是根本实现不了的，文化自信是近代中国最为稀缺的文化资源和精神力量。

在中国共产党领导的中国革命与建设中，文化自信才真正得到了重视。早在 1940 年，毛泽东就专门论述了中国共产党追求的新文化："我们不但要把一个政治上受压迫、经济上受剥削的中国，变为一个政治上自由和经济上繁荣的中国，而且要把一个被旧文化统治因而愚昧落后的中国，变为一个被新文化统治因而文明先进的中国。一句话，我们要建立一个新中国。建立中华民族的新文化，这就是我们在文化领域中的目的。"① 这种中华民族的新文化，就是追求文化自信的新文化。中华人民共和国成立后，我们党更是把思想文化建设放在党和国家的重要工作地位，"中国人民从此站立起来了"，绝不仅仅是在政治上、经济上站立起来，还必须是在文化上、精神上站立起来，这就是要建立坚定的文化自

① 毛泽东. 毛泽东选集：第 2 卷. 2 版. 北京：人民出版社，1991：663.

信。在 20 世纪 50—70 年代，新中国是在资本主义和社会主义两大阵营的对峙中生存的，从一开始就面临着严峻的国际对抗形势和繁重的国内建设任务，美国等西方国家普遍对中国实施政治打压、军事封锁和贸易禁运，一些西方政客每时每刻都期盼着新中国的夭折。面对这样的形势，中国人民表现出了铮铮铁骨和必胜信心。我们从那个时期中国文化对外传播的政策就可以清楚地看到这一特点，那就是集中宣传与介绍新中国的建设成就，多方面反映人民当家作主的社会变革，有力维护国家的主权与统一，坚决反对西方阵营及美苏霸权主义行径。在中国改革开放和社会主义现代化建设时期，邓小平反复强调“两手抓、两手都要硬”的道理，明确指出如果我们仅仅是把经济搞上去了，结果精神文明下来了，社会出现了严重的两极分化，就说明我们的事业失败了。国家的精神世界、人民的精神世界、个人的精神世界是什么面貌，这个社会就会是什么面貌。新时代需要新理论，新时代需要新文化，新时代需要新精神！

坚定文化自信，就是要努力将文化自信与我国社会主义现代化国家建设宏伟目标紧密结合起来，防止和克服文化建设方面的一些错误倾向，特别是要防止历史虚无主义和悲观观点，防止功利主义和浮躁做法，这些都是阻碍和伤害文化自信的现实因素。

为什么要防止历史虚无主义和悲观观点？这主要是因为长期以来在我们一些人的文化观上始终存在着一种错误观念，即中国文化“消极论”“落后论”，把近现代中国社会经济落后状况的原因完全归结于中国文化问题，似乎是由于中国文化的“消极落后”才导致中国社会经济的落后。我们姑且不论这种观点是否符合马克思主义历史唯物主义，仅就这种观点把中国近现代社会经济的落后归结为文化问题本身就站不住脚。导致中国近现代社会经济陷入深重灾难境地的根本原因是西方资本主义列强的军事侵略和经济掠夺，是半殖民地半封建的社会形态。一部资本主义发展史早就告诉我们，对海外进行殖民侵略和掠夺是西方资本主义发展的必经阶段和必然规律，这是不以人们的良好愿望为转移的。法国学者佩雷菲特在谈到中国和欧洲的关系时无限感慨地说：“如果这两个世界能增加它们间的接触，能互相吸取对方最成功的经验；如果那个早于别国几个世纪发明了印刷与造纸、指南针与舵、炸药与火器的国家，同那个驯服了蒸汽并即将驾驭电力的国家把它们的发现结合起来，那么中国人与欧洲人之间的文化交流必将使双方都取得飞速的进步，那将是一场什么样的文化革命呀。”① 佩雷菲特的这种愿望何尝不是中国人民的愿望呢！但是，严酷的事实打碎了中国人民的美好愿望。在那个崇尚强权、热衷扩张的时代，善良的民族往往首先受到伤害。

人们常说“落后就要挨打”，这在灾难深重的近代中国历史上表现得最为明显。但是“落后就要挨打”说的是一般情况，“落后”不一定就要“挨打”，这还要看这些一度落后的国家和人民是否拿起了捍卫自己权利的武器。中国人民在中国共产党的领导下拿起了反抗的武器，进行了卓绝的斗争，赢得了国家的独立、民族的解放、人民的幸福。

正是因为如此，在我们这样一个曾经饱受侵略和屈辱奴役的国家，一定要更加注意树立文化自信的信心和决心，坚决克服文化自信方面时隐时现的“摇头派”“软骨病”，一定要将坚定文化自信放到更加重要的地位。习近平同志站在历史交汇点上深刻揭示和分析了这一问题，他指出：“增强文化自觉和文化自信，是坚定道路自信、理论自信、制度自信的题中应有之义。如果‘以洋为尊’、‘以洋为美’、‘唯洋是从’，把作品在国外获奖作为最高追求，跟在别人后面亦步亦趋、东施效颦，热衷于‘去思想化’、‘去价值化’、‘去历史化’、‘去中国化’、‘去主流化’那一套，绝对是没有前途的！”②

为什么要防止功利主义和浮躁做法？应该看到，文化建设不同于经济建设，它有自身的认识规律和发展规律，简单地套用经济建设的方式进行文化建设，将很难取得理想的效果。文化建设既需要国家和相关部门的顶层设计、整体规划和宏伟工程来组织推动，也需要全体人民的长

---

① 佩雷菲特．停滞的帝国：两个世界的撞击．王国卿，毛凤支，等译．北京：三联书店，1993：3.

② 中共中央文献研究室．习近平关于社会主义文化建设论述摘编．北京：中央文献出版社，2017：9.

期坚持来保证。例如，中华优秀传统文化的许多精品力作和文化经典，都需要长期的积淀和磨砺，都是被历史证明的优秀作品，真正被历史证明的伟大的文化人物更是需要大浪淘沙般的选择。坚定文化自信需要巨大的底蕴和定力，尤其是来自悠久文明发展史的历史定力和历史耐心，这是一种源自文化的和历史的达观和镇定。自卑就不可能有自信，近代以来的中国长期沦为西方资本主义列强的“乐园”，成为它们划分势力范围的角逐场，这对中国人民的历史定力和历史耐心是极大的摧残。

中国人民的文化自信产生于中国人民在中国共产党领导下站起来、富起来、强起来的历史进程之中。习近平同志指出：“中华民族生生不息绵延发展、饱受挫折又不断浴火重生，都离不开中华文化的有力支撑。中华文化独一无二的理念、智慧、气度、神韵，增添了中国人民和中华民族内心深处的自信和自豪。”① “站立在九百六十万平方公里的广袤土地上，吸吮着中华民族漫长奋斗积累的文化养分，拥有十三亿中国人民聚合的磅礴之力，我们走自己的路，具有无比广阔的舞台，具有无比深厚的历史底蕴，具有无比强大的前进定力。中国人民应该有这个信心，每一个中国人都应该有这个信心。”② 这就是中国人民在伟大的奋斗历程中获得的历史定力和历史耐心。

三、文化自信是社会主义现代化国家建设的根本需要

党的十八大以来，中国特色社会主义进入新时代，中国社会经济发生了历史性转变，中国社会主要矛盾发生了历史性转变，中国的国际地位和国际影响力发生了历史性转变。今天中国人民的文化素质和精神面貌已经焕然一新。

---

① 中共中央文献研究室．习近平关于社会主义文化建设论述摘编．北京：中央文献出版社，2017：15.

② 同①4.

文化自信是新时代中国特色社会主义的根本要求，是中国人民应有的文化素质和精神风貌，是社会主义现代化国家建设的根本需要，在中华民族伟大复兴中具有举足轻重的地位和作用。正如习近平同志所说："中国特色社会主义是物质文明和精神文明全面发展的社会主义。一个没有精神力量的民族难以自立自强，一项没有文化支撑的事业难以持续长久。"[①] "中华民族伟大复兴需要中华文化发展繁荣为条件"[②]。而中国的经济发展为中国文化的发展和文化自信的确立奠定了坚实的物质基础。改革开放 40 多年来特别是党的十八大以来，中国经济建设和发展走过了极其不寻常的历程，经济体制改革和对外开放取得了举世瞩目的成就，中国发展道路的探索积累了宝贵的成功经验。中国经济发展创造了自工业革命以来世界经济发展的奇迹，中国经济发展的轨迹成为国内外许多人渴望了解的"世纪之谜"。中国经济的高速增长改写了世界经济版图，也改变了人们对经济发展理论与实践的一般认识。中国成就了一个不同于西方发达国家发展道路的经济快速发展的经典事例。

我们可以看一组中国经济发展的数字。进入新时代以来，全面深化改革推动着中国经济向着更高阶段迈进，供给侧结构性改革推动着中国经济转型升级的全面展开，正在形成对内对外开放，塑造着中国新的战略格局，新的"两步走"战略规划了到 21 世纪中叶全面实现现代化和中华民族伟大复兴的发展路径。仅从 1978 年到 2020 年的 40 多年间，中国社会生产力和综合国力迈上了新的台阶。在此期间，国内生产总值从 3 645 亿元增长到 101.6 万亿元，经济总量居世界第二；进出口总额从 206 亿美元增长到 4.65 万亿美元，再次成为全球第一贸易大国；外汇储备从 1.67 亿美元增长到 3.22 万亿美元，为世界第一；原煤产量从 6.18 亿吨增加到 39 亿吨；原油产量从 1.04 亿吨增加到 1.95 亿吨；发电量从 2 565 亿千瓦时增加到 77 790.6 亿千瓦时；钢材产量从 2 208 万吨增加到 132 489.2 万吨；汽车产量从 14.91 万辆增加到 2 532.5 万辆；全国城镇

① 中共中央文献研究室．习近平关于社会主义文化建设论述摘编．北京：中央文献出版社，2017：3.

② 同①3-4.

居民人均可支配收入从 343 元增加到 43 834 元，农村居民人均纯收入由 134 元增加到人均可支配收入 17 131 元；2019 年国内出游人数达到 60.1 亿人次，国内居民出境人数达到 16 921 万人次，人民生活发生了巨大变化。事实证明，只有将社会主义与中国国情相结合，才能在中国大地扎下根来，发挥中国特色社会主义的巨大优越性；社会主义充分调动了广大人民群众的积极性和创造性，形成建设社会主义的巨大动力；只有充分学习和借鉴人类一切文明成果，才能更快地发展社会主义。解放思想、实事求是、与时俱进，成为改革开放这个时代的最强音。

对于蓬勃发展的新时代中国特色社会主义来说，这种文化自信就是一种“不管风吹浪打，胜似闲庭信步”的文化状态。近些年，以美国为首的少数西方国家和一些政客不想做好接纳一个快速发展壮大的中国的准备，总是试图打压中国、遏制中国，甚至一直不放弃搞垮中国的企图，中国的快速发展和壮大给了他们“妖魔化”中国的机会，特别是当他们解释不了中国发生的历史性巨变时，他们就借助自己的主观臆断和疯狂遐想。可以说，在中国的发展壮大过程中，中国与美国等少数西方国家的矛盾与冲突将会是长期存在的，特别是随着中国经济实力的不断提升，经济总量也将迅速逼近美国，美国等少数西方国家对中国的防范和遏制只会日益加强。只要美国等少数西方国家不能根据中国发展的实际调整对中国的看法，这种防范和遏制就一直会存在。但是，不管以美国为首的少数西方国家如何不断挑起矛盾和事端，中国共产党和中国人民都不会被吓到，更不会放弃中国的国家利益和人民的根本利益。

这里需要指出的是，习近平同志特别强调中国精神的重要性，指出文化自信就应该体现在中国精神上，中国精神是文化自信的集中体现。习近平同志深刻地论述了中国精神的丰富内涵和时代价值，在 2013 年 3 月第十二届全国人民代表大会第一次会议上指出：“实现中国梦必须弘扬中国精神。这就是以爱国主义为核心的民族精神，以改革创新为核心的时代精神。这种精神是凝心聚力的兴国之魂、强国之魂。爱国主义始终是把中华民族坚强团结在一起的精神力量，改革创新始终是鞭策我们在改革开放中与时俱进的精神力量。全国各族人民一定要弘扬伟大的民族精神和时代精神，不断增强团结一心的精神纽带、自强不息的精神动力，永远朝气蓬勃迈向未来。”① 从一定意义上讲，构建和提升中国精神的丰富内涵与整体影响力是坚定文化自信的重要内容。

党的十九届五中全会通过了《中共中央关于制定国民经济和社会发展第十四个五年规划和二〇三五年远景目标的建议》。其中明确提出到2035年我国要建成文化强国，这就要求我们更加注重在文化自信和中国精神引领下的文化事业与文化产业建设。从一定意义上讲，现代化国家所需要的精神构建也是现代化国家建设的核心内容之一。习近平同志指出：“中国特色社会主义是物质文明和精神文明全面发展的社会主义。一个没有精神力量的民族难以自立自强，一项没有文化支撑的事业难以持续长久。”② 为什么这样说？因为在任何时代，精神世界的建设都十分重要。人之所以为人，就是因为人拥有鲜明的精神世界和强烈的精神世界需求，它反映和体现着一个民族或一个国家的风貌、气质、品格、思想、文化和价值追求。在现实的世界中我们往往会发现，有的民族或国家整体上弥漫着萎靡不振、没有希望的文化气氛，有的民族或国家的人民享受着和平安逸、幸福快乐的文化生活，有的民族或国家充满了昂扬向上、积极进取的文化活力，这都是一种精神追求和精神风貌在起作用。当今中国就充满了这种昂扬向上、积极进取的精神追求和精神风貌。

中国精神是民族精神和时代精神的汇合，它不是无源之水、无本之木，而是源自中华民族数千年来形成的深厚的民族精神，源自14亿多中国人民从事中国特色社会主义建设伟大实践形成的时代精神，这两种精神来源铸就了中国精神的丰富内涵和前进动力。前者的突出特征是爱国主义，后者的突出特征是改革创新。环顾世界各国的精神文化发展，我们发现一些民族和国家由于没有深厚的文化传统和文化积累，外来的文化理念和当下的文化精神往往难以在人民群众的内心世界扎下根来，

①② 中共中央文献研究室．习近平关于社会主义文化建设论述摘编．北京：中央文献出版社，2017：3.

尤其是在那些长期遭受帝国主义殖民统治的民族和国家，这个问题就更加突出。而另一些民族和国家由于没有抓住时代发展的机遇，错过了国家现代化的历史时机，虽然具有丰富的历史文化积淀，但是却无法焕发充满活力的时代精神。只有为数不多的民族和国家既拥有丰富的优秀传统文化资源，又赶上了时代发展的潮流，在这些民族和国家中，民族精神和时代精神实现了很好的汇合，从而焕发出充满生机与活力的精神面貌。中国精神就是其中成功的典范。

上述这一切，为中国话语体系建设奠定了丰厚的思想理论基础，确立了正确的思想理论指导，铸就了鲜明的思想理论之“魂”。

第一章

话语体系建设势在必行

1 话语体系建设势在必行

党的十八大以来，话语体系建设的重要性日渐被人们所认识，成为摆在当代中国面前的一项世纪性重大课题，成为我国文化强国战略的重要组成部分。习近平同志指出："要推进国际传播能力建设，讲好中国故事、传播好中国声音，向世界展现真实、立体、全面的中国，提高国家文化软实力和中华文化影响力。"① "要不断提升中华文化影响力，把握大势、区分对象、精准施策，主动宣介新时代中国特色社会主义思想，主动讲好中国共产党治国理政的故事、中国人民奋斗圆梦的故事、中国坚持和平发展合作共赢的故事，让世界更好了解中国。"② 这就为我们提出了话语体系建设的长期任务和根本要求，即要主动讲好中国共产党治国理政、中国人民奋斗圆梦和中国坚持和平发展合作共赢这"三个故事"，向世界展现真实、立体、全面的中国，提高国家文化软实力和中华文化影响力，为中国正在进行的社会主义现代化国家建设和构建人类命运共同体做出贡献。

一、话语体系是思想文化与价值体系的表达

话语体系是一个国家文化体系中的重要组成部分。话语体系指的是什么？话语体系是国家思想文化与价值体系对自身存在和外部存在发展变化的系统思考与回应，话语体系反映着一个国家思想文化与价值体系的发展程度和表达程度。话语体系至少包括两层含义：一是话语体系反映一个国家思想文化与价值体系对自身存在的系统思考和回应，二是话语体系反映一个国家思想文化与价值体系对外部存在的系统思考和回应。话语体系对一个国家自身的意义在于其思想文化与价值体系对内产生的向心力、凝聚力，话语体系对一个国家对外的意义在于其思想文化

① 习近平．习近平谈治国理政：第3卷．北京：外文出版社，2020：312.

② 同①314.

与价值体系对外产生的感召力、影响力。因而，从一定意义上讲，话语体系也是一个国家的文化存在与价值存在。

一个民族或一个国家是否强大，既表现为这个民族或国家物质资料与物质财富的发展程度和影响力，也表现为这个民族或国家思想文化与价值体系的发展程度和影响力，后者集中表现为其文化影响力和软实力。对于中国这样一个正在迈向现代化国家新征程的社会主义大国而言，不能没有高度发展的思想文化与价值体系作为引领，不能没有强大的话语体系和软实力作为支撑。正是从这个意义上讲，话语体系建设的重大意义是要使中国思想文化与价值体系具有更好的国际表达。

（一）话语体系建设是文化强国建设的重要任务

话语体系建设是当代中国文化强国建设的一项重大而紧迫的战略任务，它既是新时代中国特色社会主义事业进入全面建设社会主义现代化国家新征程的发展要求，也是实现中华民族伟大复兴过程中不断增强"四个自信"的重要内容。

党的十八大以来，加快我国话语体系建设已经成为党和国家文化建设的重要内容，已经成为我国哲学社会科学研究队伍寻求更大突破与创新的重要内容，已经成为我国积极参与国际政治经济活动并推动改善国际政治经济秩序的重要内容。把话语体系建设作为我国文化强国建设的一个重要目标的时机已经成熟，应该通过话语体系建设推动我国思想文化的繁荣与发展，实现新时代我国话语体系的"转型升级"。

当前我国话语体系存在的主要问题是，话语体系建设明显滞后于社会主义现代化强国建设的伟大实践，还不能很好地向世界说明我国正在发生的现代化国家建设伟大实践，不能很好地向世界表达我国面对百年未有之大变局的观点，不能很好地向世界展示中国人民追求和平发展和幸福生活的美好愿望。具体而言，在以下几个方面还存在着一些不足和差距：

第一，我国话语体系尤其是国家话语体系还需要更好地向世界说明和宣介党的十八大以来中国共产党进行的伟大理论创新和理论创新成果，还需要将党的十八大以来我国改革发展中形成的新概念、新范畴、新表述很好地融通转化为我国哲学社会科学的话语体系，不能让我国话语体系滞后于我国的理论创新步伐。2015 年习近平同志明确指出：“支撑话语体系的基础是哲学社会科学体系。没有自己的哲学社会科学体系，就没有话语权。”他提出要“在研究上多下功夫，多搞‘集成’和‘总装’，多搞‘自主创新’和‘综合创新’，为建设具有中国特色、中国风格、中国气派的哲学社会科学体系作出贡献”。要“更加及时地发出中国声音、更加鲜明地展现中国思想、更加响亮地提出中国主张”①。

第二，我国话语体系尤其是国家话语体系还需要更好地向世界说明新时代中国特色社会主义理论、道路、制度、文化的真实面貌，以及我国在各个领域所取得的伟大成就与成功经验，向世界展现真实、立体、全面的中国。在当前世界百年未有之大变局的背景下，我国话语体系建设所承担的这方面的任务越来越重、挑战越来越多。世界冷战格局结束以来，原有的战略平衡被打破，一强独霸的局面持续了几十年，但是随着中国的发展壮大，国际格局和权力转移出现根本性变化，特别是美国将中国作为“主要战略竞争对手”，打压、遏制中国成为其国际战略的核心内容之一。对此，习近平同志深刻地分析，在新时代“意识形态工作面临的内外环境更趋复杂，境外敌对势力加大渗透和西化力度，境内一些组织和个人不断变换手法，制造思想混乱，与我争夺人心”②。“要弘扬主旋律，加强正面引导，用中国特色社会主义理论体系引导舆论，用社会主义核心价值观凝聚人心。”③

第三，我国话语体系尤其是国家话语体系还需要在原创性、影响力上狠下功夫，要在批判继承上走出一条话语创新的道路，摆脱在许多重要概念、范畴、表述上对西方哲学社会科学相关理论的严重依赖，进一步从理论体系和话语体系上提炼中国观点、阐释中国理论、表达

① 中共中央文献研究室. 习近平关于社会主义文化建设论述摘编. 北京：中央文献出版社，2017：69.

② 同①35.

③ 同①36.

中国诉求。彻底的理论体系才能带来深刻的话语体系，在中国，“马克思列宁主义、毛泽东思想一定不能丢，丢了就丧失根本。同时，我们一定要以我国改革开放和现代化建设的实际问题、以我们正在做的事情为中心，着眼于马克思主义理论的运用，着眼于对实际问题的理论思考，着眼于新的实践和新的发展”①。也就是要一代又一代地解放思想、实事求是、与时俱进，写好坚持和发展中国特色社会主义“这篇大文章”。

第四，我国话语体系尤其是国家话语体系还需要丰富和加强对未来 30 年“两步走”战略中我国社会主义现代化国家建设的学理支撑和国际说明，深化对于社会主义现代化各方面问题的系统研究和集成研究，拿出高质量高水平的学术成果来，并适时地向世界介绍和说明中国现代化国家建设道路的宏伟方案。我国现阶段存在的一个比较突出的问题是，一个丰富饱满的现实中国与一个碎片化的“纯学术”中国之间存在隔膜现象。现实中国充满了活力和魅力，学术中国存在隔膜和空白，加快架起现实中国与学术中国之间紧密沟通的桥梁，应该是我国话语体系尤其是国家话语体系建设的重要课题。在我国，政治话语和政党话语的学术转化与学术表达，理论成果和学术成果的国际转化与国际表达，是一个亟待解决的大问题。习近平同志指出：“内容永远是根本，融合发展必须坚持内容为王，以内容优势赢得发展优势。”②

第五，我国话语体系尤其是国家话语体系还需要不断充实和改进传播方式和传播渠道，特别是在广泛运用新媒体、新手段、新渠道等方面要勇于走在时代的前面、世界的前列。早在 2013 年，习近平同志就严肃指出：“互联网已经成为舆论斗争的主战场。有同志讲，互联网是我们面临的‘最大变量’，搞不好会成为我们的‘心头之患’。西方反华势力一直妄图利用互联网‘扳倒中国’，多年前西方政要就声称‘有了互联网，对付中国就有了办法’，‘社会主义国家投入西方怀抱，将从互联

---

① 中共中央文献研究室．习近平关于社会主义文化建设论述摘编．北京：中央文献出版社，2017：59.

② 同①46.

网开始’。从美国的‘棱镜’、‘X—关键得分’等监控计划看，他们的互联网活动能量和规模远远超出了世人想象。在互联网这个战场上，我们能否顶得住、打得赢，直接关系我国意识形态安全和政权安全。”① 我们要善于学习和运用西方话语体系传播中对科学技术最新成果的运用经验，做强我国话语体系的传播物质基础与传播技术手段。

第六，我国话语体系尤其是国家话语体系还需要在国际文化交流、交融、交锋中增强感召力，扩大影响力，加强中国话语体系的国际传播力，不断扩大中国发展壮大的国际空间。从人类历史文化发展来看，各种不同文化之间的交流、交融、交锋是十分正常的，这是将全人类联系在一起的重要途径。当今国际文化传播状态不同于我国国内文化传播状态，剑拔弩张的交锋状态经常表现得更为突出。习近平同志针对国际社会少数国家借新冠肺炎疫情攻击中国的情况指出：“当今世界正在经历百年未有之大变局。新冠肺炎疫情全球大流行使这个大变局加速变化，经济全球化遭遇逆流，保护主义、单边主义上升，世界经济低迷，国际贸易和投资大幅萎缩，给人类生产生活带来前所未有的挑战和考验。”② 在这场抗疫斗争中，“我们改进和加强对外宣传，运用多种形式在国际舆论场及时发声，讲好中国抗疫故事，及时揭露一些别有用心的人污蔑抹黑、造谣生事的言行，为疫情防控营造了良好舆论氛围”③。

（二）话语体系建设是文化软实力的重要组成

衡量一个国家的发展程度，既要看这个国家的硬实力状况，更要看这个国家的软实力状况。习近平同志指出：“文化软实力集中体现了一个国家基于文化而具有的凝聚力和生命力，以及由此产生的吸引力和影响力。古往今来，任何一个大国的发展进程，既是经济总量、军事力量

---

① 中共中央文献研究室．习近平关于社会主义文化建设论述摘编．北京：中央文献出版社，2017：28-29.

② 习近平．在2020年中国国际服务贸易交易会全球服务贸易峰会上的致辞．人民日报，2020-09-05（2）.

③ 习近平．在统筹推进新冠肺炎疫情防控和经济社会发展工作部署会议上的讲话．北京：人民出版社，2020：8.

等硬实力提高的进程，也是价值观念、思想文化等软实力提高的进程。”① 话语体系是文化软实力的重要组成部分，反映了理论体系发展的程度，理论体系是话语体系的内核。一个国家理论创新的程度决定着这个国家话语体系的进步程度。

在当代中国，理论创新以实践探索为广阔天地，实践探索以理论创新为思想先导，理论创新与实践探索相辅相成、共同发展，这是新时代中国特色社会主义蓬勃发展的重要特征。而这相辅相成的伟大历史进程为我国话语体系建设提供了取之不尽、用之不竭的丰富宝藏。

中国共产党和党的领导人是我国话语体系建设的杰出代表。在中国共产党百年理论创新史和艰苦奋斗史上，取得了一个又一个伟大的理论创新成果和话语体系成果，形成了中国新民主主义理论、社会主义革命和建设理论、中国特色社会主义理论和习近平新时代中国特色社会主义思想，指导了我国新民主主义革命、社会主义革命和建设、改革开放和现代化建设、新时代中国特色社会主义等不同历史发展阶段的建设与发展，向世界宣示了不同历史发展阶段中国的立场、主张和诉求，在世界范围内捍卫了中国的国家主权独立和人民的根本利益，党的领导人毛泽东、邓小平、江泽民、胡锦涛、习近平都是理论话语体系创新的杰出代表。

熟悉中国历史的人们都记得，毛泽东是中国共产党和新中国的缔造者，是新中国社会主义建设的主要领导人。实际上毛泽东也是中国国家话语体系和中国国际话语权的重要开拓者和实践者。早在 1949 年 6 月 15 日新政治协商会议筹备会上，他就宣告“中国的命运一经操在人民自己的手里，中国就将如太阳升起在东方那样，以自己的辉煌的光焰普照大地，迅速地荡涤反动政府留下来的污泥浊水，治好战争的创伤，建设起一个崭新的强盛的名副其实的人民共和国”②。在开国大典上，他向全世界宣布：“凡愿遵守平等、互利及互相尊重领土主权等项原则的任何

---

① 中共中央文献研究室．习近平关于社会主义文化建设论述摘编．北京：中央文献出版社，2017：198.

② 毛泽东．毛泽东选集：第 4 卷．2 版．北京：人民出版社，1991：1467.

外国政府，本政府均愿与之建立外交关系。”① 这表达了新中国对于平等、互利、互相尊重领土主权等建立国与国正常关系的基本原则的严正立场和愿意在这一基础上发展与世界各国及各国人民关系的友好态度。

在美苏争霸世界、冷战严重对峙的20世纪70年代的国际环境中，毛泽东对比世界各种政治力量，深刻分析了世界发展趋势，提出了为世界各国广泛接受的“三个世界”理论。1974年2月，他在会见赞比亚总统卡翁达和阿尔及利亚革命委员会主席布迈丁时，系统阐述了他的“三个世界”理论。他说：“我看美国、苏联是第一世界。美国、苏联原子弹多，也比较富。第二世界，欧洲、日本、澳大利亚、加拿大，原子弹没有那么多，也没有那么富，但是比第三世界要富。咱们是第三世界，第三世界人口很多。亚洲除了日本，都是第三世界。整个非洲都是第三世界。拉丁美洲也是第三世界。”“中国属于第三世界。因为政治、经济，各方面，中国不能跟富国、大国比，只能跟一些比较穷的国家在一起。”②

1974年4月，邓小平出席联大特别会议的发言对毛泽东的“三个世界”理论做出了系统阐述。邓小平说：“从国际关系的变化看，现在的世界实际上存在着互相联系又互相矛盾着的三个方面、三个世界。美国、苏联是第一世界。亚非拉发展中国家和其他地区的发展中国家，是第三世界。处于这两者之间的发达国家是第二世界。美国和苏联两个超级大国，妄图称霸世界。它们用不同的方式都想把亚非拉的发展中国家置于它们各自的控制之下，同时还要欺负那些实力不如它们的发达国家。”发达国家“都在不同程度上受着这个或那个超级大国的控制、威胁或欺负，其中有些国家在所谓‘大家庭’的幌子下，实际上被超级大国置于附庸的地位。这些国家都在不同程度上具有摆脱超级大国的奴役或控制，维护国家独立和主权完整的要求”。“广大的发展中国家，长期遭受殖民主义、帝国主义的压迫和剥削。它们取得了政治上的独立，但都还面临着肃清殖民主义残余势力，发展民族经济，巩固民族独立的历

① 毛泽东. 毛泽东文集：第6卷. 北京：人民出版社，1999：2.

② 逄先知，金冲及. 毛泽东传（1949—1976）：下. 北京：中央文献出版社，2003：1688.

史任务。这些国家地域辽阔，人口众多，资源丰富。这些国家受的压迫最深，反对压迫、谋求解放和发展的要求最为强烈。它们在争取民族解放和国家独立的斗争中，显示了无比巨大的威力，不断地取得了辉煌的胜利。它们是推动世界历史车轮前进的革命动力，是反对殖民主义、帝国主义、特别是超级大国的主要力量。”① “三个世界”理论是中国当时外交政策的基石，也是中国开展各种国际援助的指导原则。这一理论为我国打开了广阔的国际舞台和国际空间，我国开始与许多同处在“第三世界”地位的国家开展了形式多样、丰富多彩的外交活动，破除了美苏两个超级大国孤立中国的企图。

习近平同志指出：“要着力推进国际传播能力建设，创新对外宣传方式，加强话语体系建设，着力打造融通中外的新概念新范畴新表述，讲好中国故事，传播好中国声音，增强在国际上的话语权。”② 只有大力推动话语体系建设，才能掌握话语权，提高影响力。

二、快速发展的中国需要加快国家话语体系建设

我国话语体系建设面临艰巨的任务，需要从提升中华文化影响力和文化软实力的角度促进话语体系的“转型升级”。什么是话语体系的“转型升级”？实际上就是要大力推进我国话语体系创新，加快提炼和构建基于当今世界发展实际和中国发展实践的、具有国内国际影响力和说服力的话语体系。所谓“转型”就是要从以往过多地依赖来自西方的话语体系解释中国面临的国际国内问题，逐步转变到更多依靠和总结中国理论、中国实践、中国学术成果来解释中国面临的国际国内问题，使中

---

① 中华人民共和国代表团团长邓小平在联大特别会议上的发言. 人民日报，1974-04-11 (1).

② 中共中央文献研究室. 习近平关于社会主义文化建设论述摘编. 北京：中央文献出版社，2017：197-198.

国话语体系更有说服力和影响力；所谓“升级”就是要大力提升中国理论和中华文化的研究水平与表达水平，着力打造融通中外的新概念、新范畴、新表述，增强中国国际话语权，为逐步改变现存的世界话语体系格局而努力。

（一）实施和推进新时代话语体系创新工程

我国话语体系建设是抢占国际话语体系制高点、构筑强大解释体系基础平台和推进中华文化国际传播的重要工程，它应该成为“十四五”时期乃至今后相当长时期我国文化强国建设的重大工程。

我国话语体系建设具有广泛的综合文化建设功能。一是它有助于增强“四个自信”，凝聚实现中华民族伟大复兴中国梦的广泛共识；二是它有助于营造和形成中华优秀文化源源不断的创造力，形成推动中华民族伟大复兴中国梦的精神文化力量；三是它有助于唤起中国学术界积极参与世界发展进程的责任感和使命感，促进世界政治经济版图和文化发展版图的调整。因此，我国话语体系建设应立足现实、开发传统、借鉴国外、创造特色，坚持以我为主、交融互鉴，妥善处理好各种文化学术资源与话语体系之间的关系，包括话语体系与马克思主义理论和马克思主义中国化理论成果的关系，话语体系与中华优秀传统文化和丰富文化积淀的关系，话语体系与中国近现代以来借鉴引进的现代学科建设和学术研究成果的关系，话语体系与国外优秀文化成果和文化发展的成功经验的关系以及与当今盛行的西方话语体系的关系，等等。

改革开放 40 多年来，我国话语体系大致形成了这样三种形态：一是“引进吸收”形态。在哲学社会科学研究中，“引进吸收”形态表现得较为突出，一些学科的学术话语体系主要借鉴和套用西方学术话语与学术研究范式进行研究阐释，尚未形成中国特色的学科与学术话语体系。二是“对外传播”形态。这一形态主要集中于中华文化走出去工程中的研究成果，主要是介绍中国发展的现状与成就、中国历史与文化资源等，尽管这些年来发展较快，但是总体上尚未形成系统的有说服力的话语体系。三是“交融互鉴”形态。在中华文化对外传播中以“交融互鉴”形态出现的研究成果还十分有限，尽管这些年来许多中外学者开展了不少有关文明和文化的对话，但是总体规模和数量还很不够。从话语体系创新的实际效果来看，“交融互鉴”形态更有利于推动中外文化交流交融交锋、捍卫中国国家利益、维护世界和平发展。

（二）明确新时代话语体系建设的指导思想

习近平新时代中国特色社会主义思想是马克思主义中国化最新成果，是21世纪的马克思主义。这是我国话语体系建设的指导思想，也是我国话语体系建设的最大优势和主要来源，需要我们集中力量加强研究和阐释，争取取得突破性进展和标志性成果。之所以这样讲，一是由于话语体系建设的指导思想和主要来源是习近平新时代中国特色社会主义思想，这一思想的理论源泉、理论概括和对外说服力从根本上来自当代中国的伟大实践。新时代中国特色社会主义伟大实践就是中国话语体系的源头活水，就是最生动的当代中国话语体系建设的核心内容。二是由于话语体系建设必须立足中国实践、总结中国经验、解决中国问题，这是当代中国话语体系建设的关键环节。这个话语体系必须是具有中国特色、民族特点、世界胸怀、时代特征的话语体系，而不是其他什么形式的话语体系。三是由于话语体系建设就是要克服那种简单机械地照搬和套用西方学术概念和话语体系来解释中国道路、分析中国问题、预测中国发展的做法，形成产生于中国大地的鲜活的话语体系。综观古今中外，没有任何一个国家和民族，可以通过简单套用别人的制度和模式得到发展、获得成功。一个没有创新精神的民族，是一个没有前途的民族。

当今中国的发展成果是国际社会最关心的话题，也为中国话语体系建设和传播创造了空前有利的环境。特别是随着中国如此大规模地参与国际政治经济活动，更需要我国话语体系建设能够深入总结中国经验，向世界说明中国。

（三）话语体系建设立足于回应国际国内需求

中国话语体系建设对于中国和世界的交流与发展来说都具有引领性，因此要着力打造融通中外的新概念、新范畴、新表述。中国已经走出了一条典型的不同于西方社会的强国之路、发展之路、开创之路，国际社会对中国的成功实践予以高度评价、密切关注，纷纷探询“中国奇迹”背后的理论创造和价值支撑。中国对自己发展道路中的价值理念、制度体系和理论成果是最有发言权的，中国研究者要有高度的理论自觉和制度自信，树立高度的中国话语体系建设意识，运用中国化的话语体系阐述中国理论、中国学术、中国道路、中国经验。

对于中国国际战略和思维，更是需要用创新的话语体系加以阐述。党的十八大以来，习近平同志就新时代中国的国际战略提出了一系列重要理论和重大战略，获得了中华人民共和国成立 70 多年来从未有过的国际反响和国际认同，其中“一带一路”倡议的国际影响最为突出。2018 年 4 月，习近平同志在博鳌亚洲论坛 2018 年年会开幕式上谈到中国发展成就时指出：“过去 40 年中国经济发展是在开放条件下取得的，未来中国经济实现高质量发展也必须在更加开放条件下进行。这是中国基于发展需要作出的战略抉择，同时也是在以实际行动推动经济全球化造福世界各国人民。”“无论中国发展到什么程度，我们都不会威胁谁，都不会颠覆现行国际体系，都不会谋求建立势力范围。中国始终是世界和平的建设者、全球发展的贡献者、国际秩序的维护者。”① 在以美国为首的一些西方国家借口中国国内问题不断寻衅滋事的特殊时刻，习近平同志仍然高举和平发展和人类命运共同体大旗，不断向世界发出积极的呼吁。2020 年 11 月 19 日，他在出席亚太经合组织工商领导人对话会时发表了题为《构建新发展格局，实现互利共赢》的主旨演讲，继续向世界发出积极呼吁：“人类正处在一个特殊的历史时期。新冠肺炎疫情全球大流行，推动世界百年未有之大变局加速演进。世界经济深度衰退，全球产业链、供应

① 习近平．习近平谈治国理政：第 3 卷．北京：外文出版社，2020：194．

链遭受冲击，治理赤字、信任赤字、发展赤字、和平赤字仍在扩大。单边主义、保护主义、霸凌行径上升，经济全球化遭遇逆流，加剧了世界经济中的风险和不确定性。与此同时，和平与发展的时代主题没有改变，合作应对挑战是国际社会唯一选择。这场疫情再次说明，人类命运休戚与共，各国利益紧密相连，世界是不可分割的命运共同体。无论是赢得全球抗疫最终胜利，还是推动世界经济复苏，国际社会必须团结协作，共同应对危机考验。各国要守望相助、同舟共济，弘扬伙伴精神，密切政策沟通和协调，全面深化抗疫国际合作，坚持建设开放型世界经济，争取尽早战胜疫情，努力实现世界经济强劲、可持续、平衡、包容增长。"①

中国呼吁和平发展并不是有什么恐惧，而是为了世界各国人民的根本利益。以美国为首的一些西方国家切莫错打了算盘，以为中国担心什么少数国家发起的"群殴"，中国的立场是坚定的。在 2021 年中美阿拉斯加高层对话会上，中国代表表明了双方平等对话的基本态度，那就是美国要明白一个基本事实——"你们（美国）没有资格在中国的面前说，你们从实力的地位出发同中国谈话"，这就是中国在双边关系和国际事务上的基本态度。

话语体系创新是一个系统工程，既要有话语体系的创新，也要有话语传播的创新，从一定意义上说如果话语体系创新成果没有得到有效传播，那么这种创新实际上就没有产生效益。要把话语体系传播工作放到重要地位，特别是在话语体系的国际传播中，更是要把国际传播能力建设放到突出位置加以重视。

三、形成同综合国力和国际地位相匹配的话语权

我国话语体系建设和国际话语体系构建的根本任务，就是要与我国

---

① 习近平．构建新发展格局 实现互利共赢：在亚太经合组织工商领导人对话会上的主旨演讲．人民日报，2020-11-20（2）.

的综合国力和国际地位相匹配。针对当前我国面临的十分复杂的国际环境和传播中国声音的繁重任务，2021 年 5 月 31 日，习近平同志在中共中央政治局第三十次集体学习时，又一次进行了系统的论述。他特别强调指出："讲好中国故事，传播好中国声音，展示真实、立体、全面的中国，是加强我国国际传播能力建设的重要任务。要深刻认识新形势下加强和改进国际传播工作的重要性和必要性，下大气力加强国际传播能力建设，形成同我国综合国力和国际地位相匹配的国际话语权，为我国改革发展稳定营造有利外部舆论环境，为推动构建人类命运共同体作出积极贡献。"这就把构建我国话语权特别是国际话语权提到了空前重要的地位，并要求各级党组织要高度重视国际话语权建设。

（一）加快构建具有鲜明中国特色的战略传播体系

党的十八大以来，我国话语体系建设特别是国际话语体系构建发生了重大变化，取得了历史性突破。中国由过去长期在国际话语体系构建领域比较被动的局面，改变为当今在国际话语体系构建领域比较主动的局面，中国不仅主动积极地向世界介绍中国的现实状况和实现中华民族伟大复兴的理想追求，介绍中国的发展进步和中国人民的理想追求与世界各国人民追求发展的利益一致性，而且主动参与经济全球化进程和不断完善世界治理体系进程，希望在人类命运共同体理念之下推动世界向着越来越美好的方向发展。与此同时，应该看到当前中国话语体系建设还存在许多短板，这其中既有中国相关领域的国际话语权研究严重不足，对于许多重大国内和国际问题缺乏精准有效的国际表达和国际议题设置能力，也有中国国际传播能力建设和战略布局还缺乏系统有效的顶层设计和研究布局，还未完全形成一套完整的国际传播能力体系和媒体集群。

习近平同志总结了党的十八大以来我国话语体系建设特别是国际话语体系构建领域取得的历史性进步，指出"党的十八大以来，我们大力推动国际传播守正创新，理顺内宣外宣体制，打造具有国际影响力的媒体集群，积极推动中华文化走出去，有效开展国际舆论引导和舆论斗争，初步构建起多主体、立体式的大外宣格局，我国国际话语权和影响力显著提升”。同时也指出了我国在这方面面临的新形势和新任务：“必须加强顶层设计和研究布局，构建具有鲜明中国特色的战略传播体系，着力提高国际传播影响力、中华文化感召力、中国形象亲和力、中国话语说服力、国际舆论引导力。”

在未来一个阶段，必须把构建具有鲜明中国特色的战略传播体系作为重要战略任务，并围绕这一战略任务调动和统筹各方面的积极性和传播力量，加快建设与我国综合国力和国际地位相匹配的战略传播体系。与此同时，要将提高国际传播影响力、中华文化感召力、中国形象亲和力、中国话语说服力、国际舆论引导力作为重要战略目标。不断改进国际传播手段和方式，提炼和提升国际传播的效力和效能，使国际传播影响力显著提高；不断深化中华文化的多种形态和思想内容的国际传播，真正使各国人民感受到中华文化博大精深的魅力，使中华文化感召力显著提高；不断加强对中国共产党和中国人民伟大奋斗的国际宣传，使各国人民真切了解和理解中国人民在中国共产党的领导下实现伟大复兴的理想追求，使中国形象亲和力显著提高；不断推进中国话语体系建设和国际话语体系构建工作，要用世界各国人民听得懂、能接受、真感动的话语体系，向世界介绍中国人民正在干的现代化事业和对未来的美好追求，使中国话语说服力显著提高；不断加强和改进对外传播的组织领导工作，真正承担社会主义大国的责任和义务，维护广大发展中国家发展要求和利益，使国际舆论引导力显著提高。只有将这五个方面的传播要求形成一种巨大的文化力量和话语力量，持之以恒，久久为功，才能更扎实地构建有利于促进和推动中华民族伟大复兴的国际舆论环境。

（二）加快构建中国话语体系和中国叙事体系

中国话语体系建设和国际话语体系构建的关键是什么？习近平同志特别进行了论述，集中体现在他提出的“五个要”上，这就为我国话语体系建设和国际话语体系构建以及国际传播确定了根本使命。

第一，要用中国理论阐释中国实践，用中国实践升华中国理论，打造融通中外的新概念、新范畴、新表述，更加充分、更加鲜明地展现中国故事及其背后的思想力量和精神力量。不从思想上、理论上、实践上解决这个问题，就很容易自觉不自觉地落入以美国为首的西方国家设定的话语体系之中，就很容易自觉不自觉地跟着以美国为首的西方国家设置的议题思考，就无法真正推进中国话语体系建设和国际话语体系构建。构建中国话语体系和中国叙事体系需要更加坚定的文化自觉和文化自信。学者蔡昉在谈到中国改革开放历史进程值得大写特写时提出："对于经济学家来说，对历史过程大写特写的方式，便是以经验和理论相结合的方式解说既往的经历，从'做对了什么'中提炼智慧，不仅帮助自己认识当下和展望未来，也为其他寻求发展之途的后起国家提供中国方案。""然而，对于中国经济学家来说，解说中国奇迹的学术话语权大有旁落人家的倾向。这样说并非出于某种狭隘的自尊心理，而是因为迄今为止占据学术话语主流地位的很多研究成果，往往只是隔靴搔痒，并没有抓住中国经验的本质和中国智慧的要义。"① 时代需要中国的学者们承担起这样的责任。

第二，要加强对中国共产党的宣传阐释，帮助国外民众认识到中国共产党真正为中国人民谋幸福而奋斗，了解马克思主义为什么行、中国共产党为什么能、中国特色社会主义为什么好。中国共产党是中国各项事业的领导核心，是中国取得伟大进步和历史巨变的根本原因；中国共产党拥有 9 500 多万党员，是世界上最大的政党，更是世界执政时间最长的无产阶级政党。没有中国共产党，就没有新中国，不了解中国共产党，就不可能了解新中国。诚如习近平同志在中国共产党历史展览馆参观"'不忘初心、牢记使命'中国共产党历史展览"时指出的那样："党的历史是最生动、最有说服力的教科书。我们党的一百年，是矢志践行初心使命的一百年，是筚路蓝缕奠基立业的一百年，是创造辉煌开辟未

① 张卓元，等. 中国经济体制改革 40 年. 北京：经济管理出版社，2019：总序.

来的一百年。"[①] 2021年6月21日，习近平同志给北京大学留学生们的回信中，更是明确地指出："读懂今天的中国，必须读懂中国共产党。你们提到中国共产党致力于发展经济、消除贫困，积极援助其他国家抗击新冠肺炎疫情。中国共产党做这些事情，是因为中国共产党是为中国人民谋幸福的政党，也是为促进人类进步事业而奋斗的政党。"[②] 他希望留学生们多到中国各地走走看看，更加深入地了解真实的中国，同时把他们的想法和体会介绍给更多的人，为促进各国人民民心相通发挥积极作用。要让全世界更多的人了解中国共产党，了解中国共产党的奋斗宗旨，了解中国共产党对人类美好未来的追求。

第三，要围绕中国精神、中国价值、中国力量，从经济、政治、文化、社会、生态文明等多个视角进行深入研究，为开展国际传播工作提供学理支撑。中国话语体系建设和国际话语体系构建，既需要通过大量有效渠道对外开展舆论宣传，更需要根据中国实际加强深入细致的学理研究和提炼，不仅要克服"有理说不清"的问题，更要实现有"理"说得清、说得好。这里的"理"既包括我们总结的根据中国实际实现历史性巨变的规律和道理，也包括我们根据中国实践升华提炼的真理和理论。这就需要推进我国政治话语向学术话语、中国学术话语向国际学术话语的转化。要深入研究国际话语体系构建的规律和特点，积极借鉴一些国家国际话语体系构建的经验和做法，围绕中国精神、中国价值、中国力量，围绕五大发展理念相关领域开展多学科研究，为中国话语国际传播和国际话语体系构建提供强有力的学理支撑。

第四，要更好地推动中华文化走出去，以文载道、以文传声、以文化人，向世界阐释推介更多具有中国特色、体现中国精神、蕴藏中国智慧的优秀文化。中华优秀文化是人类文化的重要组成部分，中华优秀文化对世界历史发展和文明进步做出了巨大的贡献。伴随着最近几十年中国经济的繁荣发展和亚洲各国经济的明显增长，中华优秀文化和亚洲

---

① 习近平．铭记奋斗历程担当历史使命 从党的奋斗历史中汲取前进力量．人民日报，2021-06-19 (1).

② 习近平．习近平给北京大学的留学生们回信．人民日报，2021-06-23 (1).

各国优秀文化的价值日益彰显出来。尤其是中华优秀文化作为亚洲优秀文化的重要组成部分，更是对当今世界的发展和人类社会的未来具有不可替代的重要价值。中华优秀文化在悠久的发展中形成了以文载道、以文传声、以文化人的巨大力量。

第五，要注重把握好基调，既开放自信也谦逊谦和，努力塑造可信、可爱、可敬的中国形象。加强中国话语体系建设和国际话语体系构建，就是要弘扬中华民族优良的文化品质和精神风貌，向世界介绍一个爱好和平、乐于助人、开放包容、和谐共享的中华民族，这个民族从来没有将自己的繁荣建立在剥夺其他国家和人民的财富基础之上，从来没有将自己的强盛建立在强占其他国家和人民的土地基础之上，从来没有将自己的和平建立在奴役其他国家和人民的生活基础之上。我们就是要把这种几千年来始终传承的文化情怀传达出去，让世界了解一个真实、立体、全面的中国，塑造一个可信、可爱、可敬的中国形象。

（三）加快构建与我国综合国力和国际地位相匹配的国际话语权

党的十九届五中全会规划了未来 30 年中国发展的战略蓝图和战略部署，建设社会主义现代化国家、实现中华民族伟大复兴是未来 30 年中国发展的历史主线和必然趋势，任何试图拖延或阻碍中国发展的图谋都不会得逞。面对这样的历史任务，中国话语体系建设和国际话语体系构建同样面临着艰巨的历史任务，那就是要构建与我国综合国力和国际地位相匹配的国际话语权。其中最重要的任务就是要做好以下几个方面的工作，开辟中国话语体系建设和国际话语体系构建新局面。

第一，要广泛宣介中国主张、中国智慧、中国方案。中华人民共和国成立以来，中国就以前所未有的姿态参与各类国际事务，改革开放以来的发展进程特别是党的十八大以来的发展进程表明，中国日益走近世界舞台的中央，有能力也有责任在全球事务中发挥更大的作用，并同世界各国和各国人民一道为解决全人类面临的问题做出更大的贡献。首先，中国已经是世界第二大经济体，且仍在不断壮大，是世界经济发展的重要引擎之一，是世界经济增长最重要的贡献者。快速发展的中国是遏制世界经济下滑的重要力量，开放的中国为世界各国分享中国发展成就创造了空前的历史机遇。其次，中国还是维护世界和平与发展、维护联合国框架下世界治理体系的重要力量，是发展中国家可以依靠的“全天候朋友”。

第二，要高举人类命运共同体大旗，依托中国发展的生动实践，立足 5 000 多年中华文明，全面阐述中国的发展观、文明观、安全观、人权观、生态观、国际秩序观和全球治理观。中华人民共和国成立以来特别是改革开放以来，中国实现了长达 40 多年之久的和平发展，不仅确保了中国国内经济社会的协调可持续发展，极大地改变了中国的社会经济面貌，提升了中国人民的生活水平，而且成为维护世界和平与正义、促进经济全球化和世界经济发展的重要力量。中国在发展过程中，逐渐形成并完善了既符合中国自身根本利益，又符合世界各国人民利益的发展观、文明观、安全观、人权观、生态观、国际秩序观和全球治理观，这些理念正在成为越来越多的国家和人民认可的人类共同价值。正是基于中国自身的发展经验和悠久历史文明的深厚启迪，正是基于中国对促进世界发展的担当和对人类文明前途的责任，中国提出了共建人类命运共同体的伟大倡议，为世界更好地解决面临的各类问题确立最基本、最重要的行为准则和指导原则。

第三，要倡导多边主义，反对单边主义、霸权主义，引导国际社会共同塑造更加公正合理的国际新秩序，建设新型国际关系。当前二战之后形成的以联合国为核心、以国际法为基础的国际体系受到了顽固坚持“美国第一”的西方国家的严重威胁，说到底它们就是想维护美国主宰的旧的世界治理体系和世界霸权，不愿意看到包括中国在内的广大发展中国家的快速发展。2019 年 7 月 29 日，以“大变局下的国际法：发展中国家的作用”为主题的国际会议在北京举行，中国外交部发言人在介绍这次会议时，准确清晰地表达了与会各国官员和专家学者达成的共识：首先，定规则、守规则是各国正确的相处之道，搞霸凌、行强权注定没有出路。二战结束以来，以联合国为核心、以国际法为基础的国际体系为世界总体保持和平、实现发展提供了制度保障，为发展中国家赢得主权独立和群体性崛起提供了有利环境。当前，单边主义、保护主义和霸凌行径抬头，多边主义和经济全球化遭遇逆流，国际法的权威和国际秩序受到冲击。世界将向何处去，是国际社会都在关注和思考的重大问题。现在比以往任何时候都更需要凝聚共识，推动加强国际法，尊重国际法，摒弃"强者为所欲为、弱者逆来顺受"的旧思维，因为这是世界从历史中得到的重要经验，符合各国的意愿，也是人类前进的必由之路。其次，发展中国家作为国际舞台上的重要力量，为国际法发展做出了历史性贡献，现在有更大力量、更大责任共同坚持正义、维护规则。在此次会议上，各方都同意要在国际规则中坚持多边主义，提升发展中国家的代表性和发言权，都同意推动国际法得到切实遵守，维护《联合国宪章》确立的基本原则，维护以世界贸易组织为核心、以规则为基础的多边贸易体系，善意履行国际义务，反对双重标准和"合则用、不合则弃"的做法。各方也都同意坚守国际法维护公平正义、促进和平发展合作的核心价值，反对歪曲和滥用国际法，反对借国际法之名行霸权强权之实①。

第四，要善于运用各种生动感人的事例说明中国发展本身就是对世界的最大贡献、为解决人类问题贡献了智慧。在中国话语体系建设和国际话语体系构建的过程中，要努力根据中国的和平发展和生动案例来续写中国共产党和中国人民对人类发展的贡献，真正克服跟在别人后面亦步亦趋或因循他人论调稍加改动地解读中国方法的弊端。中国学者蔡昉在评述一些经济学家对中国经验的解读中经常出现的误区时指出："许多经济学家把已故经济学家哈耶克的一个著名表述作为认识中国经验的经典范式，认为中国在过去几十年里取得的改革成功，是'人类行为的意外结果'（unintended consequence of human action），由此出发产生的一些学术出版物受到追捧。至少由于两个原因，可以说在这种范式下所

---

① 外交部：中国始终是国际法的坚定维护者和建设者. 中国日报网，2019-07-30.

做的研究具有很大的误导性。首先，这些作者忽略了重要的一点，中国的改革虽然并未从一开始就绘制了蓝图，但却是以‘三个有利于’为出发点，并且始终坚持以此评价改革成功与否，以及以此为圭臬设计进一步改革的路径。其次，这些作者也非常不恰当地把中国改革的探索者、设计者、实践者及其付出的艰险、智慧和努力避重就轻地一笔带过。”①尤其需要注意的是，从西方大量的影视作品和历史图书中，我们都熟知它们的话语体系是如何开展历史发展与历史人物关系的叙事方式的。但是，它们在解读中国的发展进步时，却总是对中国共产党和中国领导者的历史贡献采取有意屏蔽的处理。

① 张卓元，等．中国经济体制改革 40 年．北京：经济管理出版社，2019：总序．

第二章

中国的责任与使命

2 中国的责任与使命

在世界现代化进程中，中国建设现代化的历史进程相对发生得比较晚，也就是在西方许多国家都已经进入现代化进程之后才开始的，中国失去了最早进行现代化的历史机遇。中国的现代化建设是在 1949 年中华人民共和国成立之时才开始的，特别是 1978 年党的十一届三中全会以来，中国终于赢得了现代化建设和国民经济发展的重要战略机遇期。虽然中国的改革开放伟大事业和发展道路不是一帆风顺的，但令人欣慰的是中国共产党和中国人民牢牢地抓住了 20 世纪后期和 21 世纪初期难得的历史机遇，走出了一条中国式的现代化新路。

但是由于中国现代化建设起步较晚，中国的思想文化和价值体系在国际舞台上的影响力与中国经济发展和综合实力在国际上的影响力极不相称。在相当长的一个时期内，以美国为首的少数西方国家和反华势力，极力打压和遏制中国思想文化和价值体系的国际影响力。因此，中国思想文化和价值体系的影响力急需有一个明显的提升，中国国际话语体系国际传播与国际认可急需有一个明显的提升。这就要求我们在国内大力宣传和弘扬社会主义核心价值观的同时，加快中国话语体系的建设并确立中国话语体系的国际传播战略，更加积极主动地在国际舞台上展现中国思想文化和价值体系，更加积极主动地大力传播和介绍中国的思想文化和价值体系，有效增强中国话语体系的国际认同，广泛增进中国话语体系的国际共识。

一、西强我弱：国家话语体系的现状与机遇

在国际话语权方面，长期以来形成的“西强我弱”局面还没有得到明显改变。特别是当世界历史进入近现代以来的发展时期，由于西方列强控制了中国的政治经济军事等方面的发展主导权，中国被长期排除在世界舞台之外，被剥夺了国际话语权。中国不仅没有享受世界现代化发展所带来的积极成果，反而沦为西方列强的殖民地半殖民地；不仅没有

得到国际社会很好的理解和认同，反而招致少数西方国家大量的偏见和指责。正像马克思在谈到印度的时候所说的，英国“摧毁了印度社会的整个结构，而且至今还没有任何重新改建的迹象。印度人失掉了他们的旧世界而没有获得一个新世界”①。

（一）清末中国几乎丧失了国际话语权

1840 年鸦片战争后，西方列强通过军事侵略打碎了清政府的闭关锁国政策，清朝社会开始沦为半殖民地半封建社会。中国逐渐成为西方列强工业制品的倾销地、原材料的生产基地和剩余资本的投资场所，资本主义生产关系和近代科学技术知识也随之传入中国。在 19 世纪 60 年代开始的洋务运动中，伴随着近代军事工业企业的创办，一些军事工业企业也同时创办了近代教育机构，这些教育机构为军事企业培养人才，这是西方近代科学技术知识在中国开始传播的发端时期。虽然包括清政府内部仍有许多保守派人士坚决反对学习西方的科学技术知识，并且在朝野形成很大一股势力，但是洋务派官员还是守住了为军事工业企业培养人才的防线。这就使中国开始有一批人对西方科学技术的发展有了一定的了解，尽管这种了解存在着明显的局限性。

在当时清政府的一些开明士绅心中，学习和引进西方军事工业企业的目标就是未来能有一天实现“师夷长技以制夷”的梦想，因而在他们的心中永远摆脱不了“中学为体、西学为用”的指导思想。我们可以从 1900 年以后清政府科举考试中有关自然科学的考试内容的表述中，看出当时人们对自然科学的基本认知水平。这些题目包括：欧洲科学大多源于中国，我们必须重视所失之学，以为富强之本；在科学方面，中国和西方是不同的，试以中学评判西学；详细论证西学方法皆源于中国的理论；使用注释列举和证明墨子理论早于西方的数学、天文学、光学、力学理论；等等②。

---

① 马克思，恩格斯．马克思恩格斯选集：第 1 卷．3 版．北京：人民出版社，2012：850.

② 艾尔曼．科学在中国（1550—1900）．原祖杰，等译．北京：中国人民大学出版社，2016：426.

但是在国际政治地位和国际话语权上，清政府几乎没有得到什么实质性提升，无法争取到应有的国际政治地位和国际话语权。鸦片战争和战后签订的《南京条约》、第二次鸦片战争和战后签订的《北京条约》、甲午战争后签订的《马关条约》、八国联军胁迫签订的《辛丑条约》等，就是清政府国际政治地位和国际话语权的真实写照。有兴趣的读者看看《马关条约》签订之前清政府全权大臣李鸿章与日本全权代表伊藤博文之间的对话，就可以知晓“弱国无外交”的屈辱事实。客观地讲，中日两国交战，两国之间的差距还是很大的，中国幅员广大、人口众多，海军力量并不比日本差；日本人口不及中国1/10，国土面积并不大，海军力量也并不明显强于中国。但是战争却以中国的失败而收场。在李鸿章与伊藤博文的谈判中，我们可以随处看到伊藤博文以“胜利者”的口吻威胁中国。如谈到赔款数额时，威胁说“今后如战争继续，赔款数额将不止于此”，“借债还款，此乃中国之责”；谈到不同意割让台湾时，威胁说“如果这样，即当遣兵至台湾”；谈到希望考虑两国长远关系削减条件时，威胁说“赔款割地，好比还债，债还清，两国自然和好”；谈到条约内容苛刻难以接受时，威胁说“此战后之约，非如平常交涉”。

清政府签订的这一系列屈辱的不平等条约，极大地损害了中国国家的利益和中国人民的利益。至今仍令人扼腕叹息！

（二）民国时期中国微弱的国际话语权

中华民国的建立虽然从名义上结束了封建专制统治，但是中国的国际政治地位和国际话语权并没有得到多少提升。

民国北京政府时期，西方列强在中国纷纷寻找它们的代理人，进一步角逐它们在中国的势力划分范围。军阀混战的背后无不掩藏着西方列强的利益。众所周知，第一次世界大战之后召开的“巴黎和会”很快演变成各资本主义战胜国的“分赃会议”，美、英、法、意、日五国带着收获的“麻袋”前去参会。中国也是战胜国，本希望通过“巴黎和会”收回战败国德国在山东的权益，但却被上述五国出卖，将德国在山东的权益转让给了日本，根本无法保障中国的利益。“巴黎和会”催生了五四运动，在中国人民的巨大压力之下，中国代表拒绝在和约上签字。

民国时期的中国知识分子怀抱着强烈的救国心，将各种西方学说和思想传入中国，诸如进化论、民族主义、社会主义、自由主义、激进主义和保守主义、革命与和平改革等纷纷在中国出现，一时间古今之间、新旧之间、中外之间相互混杂、矛盾、冲突，呈现了兼具多样性和复杂性的中国近代思想文化。同时，随着中国近代科学研究机构特别是近代大学的建立，西方自然科学知识和哲学社会科学知识也在近代中国得到了传播，并在反对、摒弃、反思传统学术话语体系和观点的基础上，“嵌入式”地初步构建了中国近代哲学社会科学学术话语体系。在自然科学领域，这一时期科学思想的传播也是十分热烈的。学者金耀基认为，“科学成为一种文化意识，乃至形成‘科学文化’，则有赖于民初的科学界及五四新文化运动的倡导与推动，蔚成时代的风尚。二十世纪初叶以来，中国学术思想界出现了多个‘科学社群’，其中最主要的是1914年成立的‘中国科学社’”，“这是一群新型学者，有类同的身份意识，相互支持呼应的结社，他们有共同的语言、共同的存在感、共同的强国与创建新文明的愿望。自1900年到1919年，‘科学社群’先后创立了一百多种科技期刊，其中最著名的是中国科学社的《科学月刊》，他们倡导、推扬科学的言论，影响深远，而五四新文化运动标举‘科学’（赛先生）与‘民主’（德先生），因之成为‘科学社群’同声相应、同气相求的自然盟友”[①]。通常由于科学研究和科学知识的特点，一般学者是不会在科学知识问题上提出疑问的，胡适在1923年就说过：“这三十年来，有一个名词在国内几乎做到了无上尊严的地位：无论懂与不懂的人，无论守旧和维新的人，都不敢公然对他表示轻视或戏侮的态度。

---

① 金耀基. 百年中国学术与文化之变：探索中国的现代文明秩序. 香港：中华书局，2020：21，22.

那个名词就是‘科学’。”[①] 在民国初年，我国在科技方面明显落后于西方国家，西方科学话语体系肯定是要先进于中国的科学水平。

民国南京政府时期，中国的国际政治地位和国际话语权仍然没有得到实质性改善。虽然这一时期部分地收回了关税税率决定权、领事裁判权等权益，但是由于持续 14 年之久的日本侵华战争和国民政府国内政策的腐败无能，中国的外交政策也诚如时任驻美大使胡适所说的“苦撑待变”，不仅没有赢得作为第二次世界大战战胜国应有的权益，反而在战后沦为美国独占的商品市场和投资场所。

这一时期令人欣慰的变化是，中国共产党开始走上国际舞台，代表着坚决反对和抵抗世界法西斯战争的中国人民的呼声。例如，美国记者埃德加·斯诺 1937 年 10 月在英国伦敦出版的《红星照耀中国》(《西行漫记》)，让海外读者了解了中国共产党和红军的奋斗精神，在中外进步读者中引起很大反响。特别是在解放战争时期，中国共产党领导的新民主主义革命和土地改革，更是产生了广泛的世界影响，当时一位美国记者说道：土地改革“是国民党比什么都害怕的事，它知道这是共产党唯一的‘秘密’武器——它比任何新式武器更有效地给当前的蒋政权以致命的打击”。

(三) 中华人民共和国成立后被遏制的国际话语权

中华人民共和国的成立是 20 世纪中叶世界最重大的事件。

毛泽东在 1949 年 3 月举行的党的七届二中全会上指出：“不承认国民党时代的任何外国外交机关和外交人员的合法地位，不承认国民党时代的一切卖国条约的继续存在，取消一切帝国主义在中国开办的宣传机关，立即统制对外贸易，改革海关制度，这些都是我们进入大城市的时候所必须首先采取的步骤。在做了这些以后，中国人民就在帝国主义面前站立起来了。”[②] 这就是说：第一，要彻底改变国民政府时期赋予外国

---

① 金耀基. 百年中国学术与文化之变：探索中国的现代文明秩序. 香港：中华书局，2020：23.

② 毛泽东. 毛泽东选集：第 4 卷. 2 版. 北京：人民出版社，1991：1434.

的一切损害中国人民尊严和利益的特权，实现真正的平等是中国人民和国家根本利益的要求；第二，要彻底废除国民政府时期与外国签署的一切不平等条约和损害中国人民利益的外交关系，实现真正的互利是中国人民和国家根本利益的要求；第三，要彻底取消外国资本帝国主义在中国开设的各种文化宣传和文化奴役的机构，取消它们在华享有的一切文化特权，建设新中国自己的社会主义文化；第四，要彻底取消外国对中国对外贸易的实际控制权，根本改革国民政府时期的海关制度，实现维护中国人民和国家根本利益的要求。

废除帝国主义在华特权和一切不平等条约与发展平等的国家关系是一致的。1949 年 10 月 1 日，毛泽东在天安门城楼上庄严宣读了《中华人民共和国中央人民政府公告》，向世界表明了中国人民愿意与一切平等待我的国家发展外交关系。“本政府为代表中华人民共和国全国人民的唯一合法政府。凡愿遵守平等、互利及互相尊重领土主权等项原则的任何外国政府，本政府均愿与之建立外交关系。”面对来自以美国为首的西方资本主义国家的武力威胁，毛泽东说道：“现在中国人民已经组织起来了，是惹不得的。如果惹翻了，是不好办的。”① 这表达了新生的人民政权和人民共和国的钢铁般的意志。

正是由于少数西方国家和一些别有用心的人的重重阻挠，中国的国际政治地位和国际话语权没有能够达得与中国国家地位和经济地位相适应的高度。但是中国政府和中国人民始终没有放弃争取同国力和责任相适应的国际政治地位与国际话语权。中华人民共和国成立 70 多年来特别是改革开放以来，中国的社会经济发展取得了举世瞩目的伟大成就，但是诚如习近平同志所指出的：“西方仍然在‘唱衰’中国。国际舆论格局是西强我弱，西方主要媒体左右着世界舆论，我们往往有理说不出，或者说了传不开。这个问题要下大气力加以解决。”②

---

① 毛泽东. 毛泽东军事文集：第 6 卷. 北京：军事科学出版社，1993：355.

② 中共中央文献研究室. 习近平关于社会主义文化建设论述摘编. 北京：中央文献出版社，2017：197.

二、东升西降：国家话语体系建设的机遇与挑战

世界的变化不是以美国等少数西方国家的意志为转移的。

从 20 世纪 90 年代开始，中国以建立社会主义市场经济体制为契机，把社会主义制度与市场经济体制很好地结合在一起，创造了人类社会从未有过的历史发展奇迹。中华人民共和国成立 70 多年来中国经济发展速度保持了同期世界较高的发展水平，特别是改革开放以来更是实现了世界最快的发展速度，如按不变价计算，2018 年中国 GDP 比 1952 年增长 175 倍，年均增长 8.1% ；其中 1979—2018 年 GDP 年均增长 9.4%，远高于同期世界经济 2.9%左右的年均增速。这就使得中国经济在世界经济总量中的比重不断提升：1978 年，中国 GDP 约占世界经济总量的 1.8%，居全球第 11 位；2000 年升至世界第 6 位；2010 年超过日本并连年稳居世界第 2 位。党的十八大以来，中国综合国力持续提升，经济总量连续跨越 80 多万亿元、90 万亿元和 100 万亿元大关，占世界经济总量的比重超过 15%。

改革开放总设计师邓小平总是告诫人们：社会主义的本质，是解放生产力，发展生产力，消灭剥削，消除两极分化，最终达到共同富裕。社会主义不能也不可能在封闭的环境中建立起来，“社会主义基本制度确立以后，还要从根本上改变束缚生产力发展的经济体制，建立起充满生机和活力的社会主义经济体制，促进生产力的发展，这是改革，所以改革也是解放生产力”①。“社会主义要赢得与资本主义相比较的优势，就必须大胆吸收和借鉴人类社会创造的一切文明成果，吸收和借鉴当今世界各国包括资本主义发达国家的一切反映现代社会化生产规律的先进经营方式、管理方法。”② 可以说，正是邓小平的南方谈话开启了实行中国

---

① 邓小平. 邓小平文选：第 3 卷. 北京：人民出版社，1993：370.

② 同①373.

社会主义市场经济体制的新时期，推动了中国社会主义市场经济的蓬勃发展。

在世纪之交，我国对国际国内形势的基本判断是：机遇大于挑战，希望多于困难，有利条件胜于不利因素，要把握机遇，急起直追，力争在新世纪的国际竞争中处于更加主动的地位[①]。江泽民同志在 1999 年 11 月召开的中央经济工作会议上明确提出："全面分析国际政治形势，我们可以得出一个结论：既然较长时期内世界大战打不起来，我们就应该抓住机遇发展壮大自己，努力增强我国的经济实力、国防实力、民族凝聚力。只要不发生世界大战，不发生大规模外敌入侵，不发生'台独'分裂祖国的重大事件，我们就要紧紧扭住经济建设这个中心，一心一意搞现代化建设。"[②]

进入 21 世纪之后，以胡锦涛同志为总书记的党中央和中国人民更是基于我国正处在"重要战略机遇期"的基本判断，着力发展我国经济。2003 年 8 月，胡锦涛同志在驻外使节小型座谈会上发表讲话，系统阐述了我国的国际战略和外交方针[③]。他概括和总结了我们党几十年来国际战略和外交工作成就对今后工作的重要启示：一是必须坚持辩证唯物主义和历史唯物主义世界观和方法论，冷静观察和全面把握国际社会发展变化，科学制定外交工作方针政策和战略策略。就是要从全局和战略高度出发，从国际国内两个大局着眼，从事物的实际情况和发展趋势入手，来深刻认识时代特征和国际形势基本趋势，准确把握和自觉运用国际社会发展变化规律。二是必须坚持把国家和人民根本利益作为外交工作的出发点和归宿，紧紧围绕党和国家中心工作，坚定维护和发展我国的根本利益。国家的主权、安全、发展是全国人民根本利益之所在。三是必须坚持独立自主的和平外交政策，按照和平共处五项原则处理国家关系，同所有国家进行友好合作。在国际事务中，不以社会制度和意识形态的异同决定国家关系的亲疏，同所有国家政治上相互尊重、共同

---

① 江泽民．江泽民文选：第 2 卷．北京：人民出版社，2006：202.

② 同①423.

③ 胡锦涛．胡锦涛文选：第 2 卷．北京：人民出版社，2016：84－103.

协商，经济上相互促进、共同发展，文化上相互借鉴、共同繁荣，安全上相互信任、共同维护。四是必须坚持维护世界和平、促进共同发展，促进世界多极化、国际关系民主化、发展模式多样化，推动建立公正合理的国际政治经济新秩序。维护世界和平、促进共同发展，是我国外交政策的宗旨。从根本上说，这是由我国社会主义性质和在国际上的地位决定的。五是必须坚持发扬中国特色外交传统和外交风格，向国际社会展示公正、民主、进步形象，在国际事务中积极发挥社会主义中国的建设作用①。

胡锦涛分析和论证了邓小平、江泽民在我国国际战略确定过程中的方法论："二十世纪八十年代前半期，邓小平同志科学判断时代特征和国际形势，认为世界政治力量对比发生了变化，和平因素的增长超过了战争因素的增长，在较长时间内不发生大规模的世界战争是有可能的，维护世界和平是有希望的，提出和平与发展是当今时代的主题，改变了过去认为世界大战不可避免而且迫在眉睫的看法。这就为我们党把工作重点转到经济建设上来、调整'一条线'的外交战略和政策提供了科学依据。冷战结束以后，江泽民同志根据世界多极化、经济全球化趋势深入发展和科技进步日新月异的新形势，提出我们正面临着一个重要战略机遇期，机遇和挑战并存，但机遇大于挑战，我们要抓住机遇、迎接挑战，为我国现代化建设争取较长时期的和平国际环境。这就为我们党提出全面建设小康社会、加快推进社会主义现代化的任务，制定和执行正确的外交方针政策和战略策略，提供了科学依据。"②

党的十八大以来，以习近平同志为核心的党中央更是深刻分析了国际格局的变化和我国面临的新形势，不断深化改革、勇往直前，不断化危为机、开拓进取。正如2014年12月习近平总书记在十八届中央政治局第十九次集体学习时的讲话深刻分析的那样："站在新的历史起点上，实现'两个一百年'奋斗目标、实现中华民族伟大复兴的中国梦，必须

① 这是胡锦涛总结我国国际战略制定成功经验时概括出来的。胡锦涛．胡锦涛文选：第2卷．北京：人民出版社，2016：85-89.

② 胡锦涛．胡锦涛文选：第2卷．北京：人民出版社，2016：86.

适应经济全球化新趋势、准确判断国际形势新变化、深刻把握国内改革发展新要求，以更加积极有为的行动，推进更高水平的对外开放，加快实施自由贸易区战略，加快构建开放型经济新体制，以对外开放的主动赢得经济发展的主动、赢得国际竞争的主动。”“要准确把握经济全球化新趋势和我国对外开放新要求。改革开放是我国经济社会发展的动力。不断扩大对外开放、提高对外开放水平，以开放促改革、促发展，是我国发展不断取得新成就的重要法宝。开放带来进步，封闭导致落后，这已为世界和我国发展实践所证明。党的十八大以来，我们乘势而上，加快构建开放型经济新体制，更高水平的开放格局正在形成。”① “我国是经济全球化的积极参与者和坚定支持者，也是重要建设者和主要受益者。我国经济发展进入新常态，妥善应对我国经济社会发展中面临的困难和挑战，更加需要扩大对外开放。‘机者如神，难遇易失。’我们必须审时度势，努力在经济全球化中抢占先机、赢得主动。”②

这就为随着我国国际地位提升而不断增强我国国际话语权创造了坚实的基础。

三、被歪曲的逻辑：伴随中国崛起的话语杂音

中国和中国人民是爱好和平的国家和人民，中国没有侵略其他国家的历史记录。但是近代以来各种丑化中国的论调始终存在，它们或者是基于自身利益的考虑，或者是基于不同文化和价值标准的考虑，或者是基于不同宗教和信仰体系的考虑。近几十年来，西方国家的一些学者和政客更是出于自身利益，不断攻击和指责中国的快速发展和成长。我们不时听到的各种“中国崩溃论”“中国威胁论”等论调，几乎每过几年

---

① 中共中央文献研究室．习近平关于社会主义经济建设论述摘编．北京：中央文献出版社，2017：290-291.

② 同①292.

就会泛滥一次，“妖魔化”中国成了一些人博取大众眼球的手段。不难看出，他们的用心就是要把中国排除在世界发展格局之外，不愿意看到中国与世界各国相互分享发展成果。

这种对中国的排挤和歧视并没有因为中国积极参与国际事务而有所改变。例如，中国是第二次世界大战的战胜国，但是中国几乎没有从战败国的赔偿中获得任何利益。在 1945 年雅尔塔会议确定战后安排的时候，中国利益也因列强争夺势力范围而受到巨大的损害。源于美国主导的西方国家对中国的排挤和打压，基于冷战对峙的国际两大阵营对中国的封锁与威胁，都使中国的国际话语权受到严重压制。

西方一些政客和学者在很多重要的历史时刻都是唱衰中国舆论的主要制造者，他们做了很多对中国发展不利的事情。回想一下最近 30 年来的事情我们就会深有感触。例如，在 1997 年亚洲金融危机和 2008 年世界金融危机时期，一些西方舆论是多么热衷于制造中国危机的噪声，或许他们真是想看到中国轰然倒下的历史悲剧发生，但是中国并没有像他们希望看到的那样倒下去。特别是最近几年，以美国为首的少数西方国家和一些政客总是热衷于对中国采取极限施压和霸凌策略，似乎只要把事做绝、把话说狠，就能恐吓住中国政府和中国人民。事实上，争强斗狠的对华策略绝无胜算。我们将有关中国发展而产生的各种杂音进行分类，大致可以看出这样几种情况：

（一）新的冷战思维阴魂不散

旧冷战早已结束了，但是新的冷战思维却一直在以美国为首的少数西方国家和一些政客身上如同幽灵附体一样长期存在，这需要引起我们的高度警觉。这些人头脑中对中国的错误认识根深蒂固，其误解、遏制甚至反对中国发展的用意昭然若揭。尤其是近些年来，美国等少数西方国家国内问题重重、阶层分化严重、阶级矛盾激化，因而开始把自己本国的问题进行“外归因”，一味指责包括中国在内的其他国家。出现了“中国欺骗美国”“中国干涉美国政治”“中国盗窃知识产权”“中国强制技术转移”等论调，一夜之间发展中的中国似乎站在了发达的以美国为首的少数西方国家前面并阻挡了它们的发展。这些毫无事实依据的论调实在是不值一驳！喜欢戴有色眼镜的人或许都是在“耍酷”。

以美国为首的少数西方国家根本没有做好接纳一个快速发展壮大的中国的准备。中国的快速发展壮大给了一些外国政客“妖魔化”中国的机会，他们解释不了中国发生的历史性巨变，自然就需要借助于主观臆断和疯狂遐想。可以说，在少数西方国家中一直有一股对华不信任的思潮，一些政客死死抱着新冷战思维不肯罢休，他们在所在国与中国的关系中起着破坏和不稳定的作用。这让我们更加清晰地看穿了他们遏制、打压中国的真实用心，看穿了他们不断挑起所在国与中国产生摩擦的本质用意。

（二）谁是世界秩序的破坏者

中国的发展壮大不应成为以美国为首的少数西方国家和一些政客挑起中外矛盾冲突的原因，中国的发展是和平发展，一个不发展的中国对世界没有任何益处。中国与西方国家包括美国的经济关系不是零和博弈，那种认为中国的发展一定会限制他们国家发展的思维是站不住脚的和荒谬的，企图通过各种方式遏制中国的发展也是徒劳的。一些西方国家人士对中国改革开放 40 多年来的发展存有戒心，对中国经济如此迅速的成长存有疑虑，这都是很正常的事情，我们彼此之间需要加强沟通和了解，需要增进合作和共赢。但是，不能以煽动民粹主义思潮为手段，情绪是容易被煽动起来的，基于误解和误判的情绪首先伤害的是自己。这就是情绪的“飞去来器”，用力越大，伤害越深。我们不能随意选择我们的生存时代，中美两国在这个时代隔太平洋相安而居是完全有可能的。在过去的几十年里，美国从与中国的经济交往中获得了廉价劳动力资源和劳动成果，中国从与美国的经济交往中获得了更多的劳动机会和先进技术。40 多年来，中国从没有威胁到美国的发展，但是美国少数人对中国的猜忌却并没有明显减少。在少数美国政客的思维世界中，总是将中国臆想为可能的“强盗”，觊觎着美国现有的地位，他们长期活在这样的梦魇之中不得安宁。中国不会成为中美关系的破坏者，更不会成为现行世界秩序的破坏者！

（三）遏制、对抗、打压无济于事

当今世界的不确定性不断增加，作为当今世界两个最大的经济体，中美两国之间在各个领域中既有合作又有矛盾、既有共识又有冲突，这是不可避免的，也将是长期存在的。对于两个大国来说，采取的正确做法不是遏制、对抗、打压，而是协商、合作、稳定。

从中美两国关系发展的角度来看，两国之间的矛盾与冲突将是长期存在的，但是协商与合作也不会中断。特别是随着中国开启全面建设社会主义现代化国家新征程，经济地位不断提升，经济总量不断壮大，以美国为首的少数西方国家和一些政客对中国的防范和忧虑肯定会增加，但是这需要美国等少数西方国家根据发展了的实际来调整对中国的看法，不能总是思考着如何限制中国的发展！习近平同志在 2018 年 11 月出席亚太经合组织工商领导人峰会时说：“一个时代有一个时代的问题。问题本身并不可怕，关键是采取正确的办法来解决问题。走保护主义、单边主义的老路，不仅解决不了问题，还会加剧世界经济的不确定性。”① “历史告诉我们，如果走上对抗的道路，无论是冷战、热战还是贸易战，都不会有真正的赢家。国与国只要平等相待、互谅互让，就没有通过协商解决不了的问题。”②

（四）中国是负责任的大国

与少数西方国家在国际事务中的所作所为相比，中国是当今世界维护和平、合作、发展、共赢的负责任大国。这不是中国的宣传，而是中国的行动。以美国为首的少数西方国家宣称自己是世界秩序的维护者，

① 习近平．习近平谈治国理政：第 3 卷．北京：外文出版社，2020：456.
② 同①459.

但又在实际行动中不断破坏着世界秩序。合了他们的意就用，不合他们的意就不用，诚如习近平同志所说："两次世界大战的惨痛教训让各国人民痛定思痛，建立了以联合国为主体，包括国际货币基金组织、世界银行、世界贸易组织等机制的全球治理框架。虽然这个框架并不完美，却是人类社会迈出的重要一步，为过去几十年世界和平与发展发挥了重要作用。以规则为基础加强全球治理是实现稳定发展的必要前提。规则应该由国际社会共同制定，而不是谁的胳膊粗、气力大谁就说了算，更不能搞实用主义、双重标准，合则用、不合则弃。"①

正是因为如此，我们迫切需要通过话语体系建设和其他有效途径，包括开展形式多样的公共外交活动等来维护中国和平、合作、发展、共赢的负责任大国形象，以确保国家战略和外交政策的顺利实施，确保中华民族伟大复兴的顺利实现。

四、国家在话语体系建设中的责任

当今世界的特点是什么？习近平同志指出："当今世界正在经历百年未有之大变局。新冠肺炎疫情全球大流行使这个大变局加速演进，经济全球化遭遇逆流，保护主义、单边主义上升，世界经济低迷，国际贸易和投资大幅萎缩，给人类生产生活带来前所未有的挑战和考验。"

（一）深刻理解百年未有之大变局

这个世界百年未有之大变局有这样两个需要注意的方面：

第一，这个"大变局"包含着以中国发展壮大而引发的世界秩序重塑、全球治理完善的过程。具体而言，一是世界权力转移出现根本性变化，原有的战略平衡动摇；二是国际格局动荡趋势日益明显，文明冲突方兴未艾；三是大国之间竞争空前加剧，美国将中国作为"主要战略竞

---

① 习近平．习近平谈治国理政：第3卷．北京：外文出版社，2020：459.

争对手”；四是世界秩序出现坍塌的危险，全球霸权、地区霸权此消彼长；五是世界正在经历重新组合和调整，各国选边站队压力空前；六是科技、教育、人才等发展要素竞争空前加剧，大国发展竞赛再次出现。

第二，这个“大变局”也点透了当今世界存在着一种“逆全球化”思潮和行为，这种“逆全球化”是一种不负责任的国际政治“疫情”甚至是国际政治诬陷。我们要特别关注的是，当今世界存在着一种国际政治“疫情”蔓延的倾向，这种政治“疫情”就是软实力的“软对抗”存在着滑向软实力的“硬对抗”的危险。特别是2008年以来，伴随着以美国为首的一些西方国家遭遇经济低迷和增长困境，“逆全球化”和反智主义声音不断酝酿发酵，最近达到疯狂的程度；这种“逆全球化”是一种“中国威胁论”以及“围剿中国发展”“遏制中国崛起”思潮的翻版，手段日益恶劣。中国坚决反对这种“逆全球化”的思潮和行为，更是坚决反对各种政治诬陷的恶劣表演和行径。有两个不断加剧的威胁应引起我们的高度警惕：一是美国挑起的中美经济贸易摩擦开始从硬实力的“软对抗”走向了硬实力的“硬对抗”，二是美国不断夸大的中外文化差异开始出现软实力的“软对抗”滑向软实力的“硬对抗”。

（二）加快国家话语体系的国际传播

话语体系的核心内容是价值理念体系。我国价值理念体系的国际传播，就本质而言是一套传播活动，它是国际传播活动中的一个有机组成部分。价值理念体系的国际传播活动的具体呈现很广泛，它与文化的国际传播、国家形象的国际传播、新闻事件的国际传播有同有异（见图2-1）。国家形象“是国家的外部公众和内部公众对国家本身、国家行为、国家的各项活动及其成果所给予的总的评价和认定”①。国家形象的国际传播，指的是对一个国家综合性的整体形象进行的各种传播活动，它具体呈现为通过各种渠道对国家政治、经济、文化、社会、国民、环境等情况的描述和展现，包括通过大型国际活动来塑造一个国家的正面形

① 张法. 国家形象概论. 文艺争鸣，2008（7）.

象，或者通过宣传片来展现国家的人物与风范。国家形象既体现为一种符号和文化现象，本身也构成了文化的一环。所谓文化，指的是人类所创造的精神财富之总和。按照英国文化学家泰勒的《原始文化》的经典定义，文化是包括知识、信仰、艺术、道德、法律、习俗和任何人作为一名社会成员而获得的能力和习惯在内的复杂整体①。价值理念体系的国际传播，呈现的则是对各种抽象价值理念的直接表述或形象展现。

价值理念体系的国际传播	•核心内容是抽象的价值理念体系 •具体体现为丰富的国际传播活动
文化的国际传播	•核心内容是文化状况和文化内涵 •具体体现为从文化艺术作品传播到日常生活交往等各种活动
国家形象的国际传播	•核心内容是一个国家的整体形象 •具体体现为媒介事件、形象宣传片等
新闻事件的国际传播	•核心内容是一个具有时效性的新闻事件 •具体体现为各种媒体的新闻报道和评论

图 2-1　价值理念体系的国际传播与文化的国际传播、国家形象的国际传播、新闻事件的国际传播的比较

价值理念体系的国际传播、文化的国际传播、国家形象的国际传播和新闻事件的国际传播等四个层次都关系着国家话语体系建设。每一个层次都有许多工作需要我们努力去做，国家话语权的增强说到底是一个国家政府、各种社会组织和全体人民的事情。

（三）中国带给世界的是满满的正能量

中国和世界都正在发展，也都需要发展。在发展过程中，中国与世界彼此都离不开对方，联系越来越紧密。中国从 20 世纪中叶以来，特别是改革开放以来，每一个社会经济变革给世界带来的都是正能量。

第一，占世界约 1/5 人口的中国人民随着国家的经济社会发展，生

① 泰勒．原始文化．连树声，译．桂林：广西师范大学出版社，2005：1.

活水平和生活质量有了巨大的改变。谁都不愿意看到十几亿中国人民生活在贫困和动乱之中，如果是那样的话，整个世界也不会安宁。中国的发展和进步，只会使世界更加和平与稳定，中国是维护世界和平与稳定的重要力量。西方一些冥顽不灵的学者和政客，总是宣扬中国不应该有更大的发展的论调，认为中国的发展会威胁到世界和区域的和平与稳定，会打破世界和区域原有的力量均衡，会导致整个世界资源的紧张。这种论调荒诞不羁，根本站不住脚。难道只能由少数西方国家来掌控中国的发展速度和发展模式才算合理?

第二，中国经济快速增长、不断扩大对外开放对整个世界经济都产生巨大的影响，是拉动世界经济增长的重要引擎。几十年来，中国逐步放弃了原有的计划经济模式，探索建立适合自己国情的市场经济体制，取得了显著的经济发展成果，走出了一条比较成功的发展道路。中国的社会主义市场经济体制对世界各国来说是一个很好的借鉴。西方一些人不断地制造麻烦，认为中国的市场开放度不够，不承认中国的市场经济国家地位，实际上就是蓄意阻挠中国更多地参与世界经济发展。今天中国的开放程度比前 30 年、前 20 年、前 10 年都有很大的不同，这是人所共知的事实。

第三，中国不断提高承担国际责任的要求，积极参与推动世界与区域经济发展的义务，赢得了越来越多国家的认可。例如，中国发起设立亚洲基础设施投资银行（亚投行），为亚洲国家和地区、为世界其他国家和地区的发展创造了巨大的机会。中国倡导筹建国际金融机构，这要放在过去是想都不敢想的事情，因为中国过去没有那个实力，也没有那个经验。中国坚持倡导成立亚投行，就是希望多承担一些国际责任，为广大发展中国家的经济发展做一些事情。如果回顾一下亚投行筹备过程我们就会发现，少数西方国家一开始就采取了各种方式和手段加以阻挠，既有公开质疑，也有威逼利诱，说穿了就是它们担心亚投行的成功运行会打乱以美国为主导的世界金融体系，冲击美元霸权。

第四，中国近些年来举办了为数众多的国际组织、政府或非政府的国际政治经济论坛，举办了多项国际体育赛事，积极支持各种国际经济文化交流与合作。从一定意义上讲，这就是中国愿意根据自身的承受力更多承担国际责任的努力，得到了国际社会的普遍赞扬和好评。例如，在北京举办的 2008 年奥运会取得了巨大成功，美轮美奂的开闭幕式和精彩的体育比赛可以说是中国给世界的一个很大的惊喜，今天的中国不再是游离于世界格局之外的国度了，中国正在承担着更多的国际责任。人们期待着 2022 年在中国举办的冬奥会和冬残奥会能给世界带来新的惊喜，这充分表达了世界各国人民对中国的认可和信任。

第五，在席卷全球的新冠肺炎疫情中，中国的表现更是为世界许多国家和人民所称道。正如习近平同志所概括的那样，“面对突如其来的严重疫情，中国同世界各国携手合作、共克时艰，为全球抗疫贡献了智慧和力量。我们本着公开、透明、负责任的态度，积极履行国际义务，第一时间向世界卫生组织、有关国家和地区组织主动通报疫情信息，第一时间发布新冠病毒基因序列等信息，第一时间公布诊疗方案和防控方案，同许多国家、国际和地区组织开展疫情防控交流活动 70 多次，开设疫情防控网上知识中心并向所有国家开放，毫无保留同各方分享防控和救治经验。我们在自身疫情防控面临巨大压力的情况下，尽己所能为国际社会提供援助，宣布向世界卫生组织提供两批共 5 000 万美元现汇援助，向 32 个国家派出 34 支医疗专家组，向 150 个国家和 4 个国际组织提供 283 批抗疫援助，向 200 多个国家和地区提供和出口防疫物资”①。

（四）世界需要倾听中国声音

中国作为世界上最大的发展中国家，长期以来承受着发展本国现代化经济、提高本国人民生活水平的繁重历史任务，在最近几十年里取得了突破性的发展。中国重返世界舞台的中心已经成为不可阻挡的事实，对于当今世界体系和世界格局来说，倾听来自中国的声音十分必要。

第一，中国是维护世界和平与正义的重要力量。为什么这样讲？一是中国的发展不是也不可能走西方资本主义国家曾经走过的实行海外殖

---

① 习近平．在全国抗击新冠肺炎疫情表彰大会上的讲话．人民日报，2020-09-09（2）．

民掠夺和剥削的老路，中国的发展是依靠中国人民独立自主、自力更生、艰苦奋斗、改革创新来实现的。中国的这种发展道路和发展模式是世界上绝大多数发展中国家可以学习和借鉴的，是更加符合广大发展中国家实际和可能的，这就为中国国家话语体系的国际传播提供了广阔的空间。二是世界上不少国家和人民渴望了解中国发展的经验，对于中国面向未来的战略举措更是十分关心，这同样为中国国家话语体系的国际传播创造了广阔的空间。例如，当中国提出要在未来 30 年实现中华民族伟大复兴的中国梦的时候，许许多多的海外读者对实现中国梦的内涵和途径表现出了无限的兴趣，这就为我们向世界介绍中国的社会主义核心价值观、介绍中华民族伟大复兴、介绍中国几代人坚忍不拔追求中国梦提供了机会。三是中国国家话语体系的有效国际传播，对于扩大中国的国际话语权和国际影响力、团结和联系更多发展中国家、推动世界政治经济新秩序的建立都有重要意义。长期的历史已经证明，中国是广大发展中国家真正可以信赖的朋友，几十年来中国克服国内许多困难，给予许多发展中国家真诚慷慨的援助，推动这些国家经济社会的发展和进步。

第二，中国是坚持社会主义制度的重要力量。社会主义是人类社会发展的方向，社会主义所体现的富强、民主、文明、和谐、美丽就是人类美好的理想追求。尤其是在当今世界各种冲突与矛盾交织在一起的特殊时期，中国社会主义所实行的坚持以人民为中心和人民主体地位的政治主张，本身就体现出巨大的制度优越性和吸引力。在抗击新冠肺炎疫情的过程中，中国共产党和政府为了人民健康做出的努力，更是得到了世界各国人民的尊敬和赞赏。我们可以回顾一下 2008 年世界金融危机，从中可以发现中国社会主义制度的世界意义和价值。这场世界金融危机暴露了资本主义制度的弊端和矛盾，说明科学技术进步并不能彻底解决资本主义制度的内在矛盾。

第三，中国是维护世界文明多样性的重要力量。就人类文明发展史而言，文明没有优劣之分，诚如人种没有好坏之分一样。从欧洲开始在全球实行殖民统治和殖民掠夺以来，许多文明形态都面临着灭绝的危险，中国近代以来半殖民地半封建社会的悲惨命运使中国更加珍惜自己文明的兴衰存亡和发展命运，中国是捍卫世界文明多样性的坚定力量。正像习近平同志指出的那样："文明因多样而交流，因交流而互鉴，因互鉴而发展。"① 在世界各国文明交流互鉴中，习近平同志提出的坚持相互尊重、平等相待，坚持美人之美、美美与共，坚持开放包容、互学互鉴，坚持与时俱进、创新发展的四点主张②，得到了绝大多数国家的认同。

第四，中国是推动科技创新和科技革命的重要力量。习近平同志指出："进入21世纪以来，全球科技创新进入空前密集活跃的时期，新一轮科技革命和产业变革正在重构全球创新版图、重塑全球经济结构。"③ "科学技术从来没有像今天这样深刻影响着国家前途命运，从来没有像今天这样深刻影响着人民生活福祉。"④ "中国要强盛、要复兴，就一定要大力发展科学技术，努力成为世界主要科学中心和创新高地。"⑤ 中国大力推进科技革命和科技创新，既是为了中国自身的发展，坚持走出一条高质量发展的道路；也是为了世界各国的发展，"深度参与全球科技治理，贡献中国智慧，着力推动构建人类命运共同体"⑥。习近平同志指出："科学技术是世界性的、时代性的，发展科学技术必须具有全球视野。"⑦ 他特别强调中国科学技术界要加强国际科技交流，共同应对未来发展、粮食安全、能源安全、人类健康、气候变化等人类共同挑战，在实现自身发展的同时惠及其他更多国家和人民，推动全球范围平衡发展。

（五）让中国文化传播更有温度

中国文化的国际传播不仅仅是中国政治主张和政治诉求的国际表达，还包括中华民族优秀文化作品特别是中国文学的国际传播。文学是

---

① 习近平．习近平谈治国理政：第3卷．北京：外文出版社，2020：468.
② 同①468-470.
③ 同①245.
④ 同①245-246.
⑤ 同①246.
⑥⑦ 同①252.

心灵流淌着的文字，文学不仅记录着人类共同的思考和追求，而且也体现着不同个体和民族的情感故事。享受文学作品是有门槛的，一个主要的门槛就是要能读得懂不同民族的文学作品。显然，文字的不同和文化的差异使这个门槛有一定的高度，而文学翻译则大大降低了这个门槛。文学翻译承担着这样双重的使命和责任，那就是一方面要将人类心灵的思考和追求翻译出来供全体人类分享，不论它是什么语言文字；另一方面要将使用不同语言文字的民族的情感故事逼真地翻译给其他民族的读者，让人类的情感故事保留其个体和民族的特色。

第一，文学的表达是个性的和民族性的。

我们这个世界的民族文化差异实在是太大了，尽管全球化使得不同民族文化的差异逐渐缩小，但是深层的民族文化心理结构并没有太大的改变。法国学者本内迪克特·拉佩尔在《话说欧洲民族性》一书中为我们栩栩如生地描绘了欧洲各民族的历史文化和性格特点。“拉丁语系的人会比较本真，法国人要刻板一些，德国人最注重精确，英国人喜欢挑剔，丹麦人行事稳重，瑞典人讲究实际，芬兰人措辞简练，希腊人最喜欢谈哲理，卢森堡人则在通晓多种语言方面技艺超群。”① 北欧人通常认为公益的价值胜过个人的价值，工作好成为一种社会标准而不是道德标准，人们会因为所供职的社会和团体的进步以及自己所做出的贡献而自豪；拉丁语系的人则更注重个人主义，他们很出色是因为他们希望自己出色。在她看来，欧洲有两种社会模式：斯堪的纳维亚模式和拉丁模式。前者是一种世俗的、平等主义的、深度关注公民义务和生态保护的模式，后者是一种更讲个人主义、自由和享受主义的模式。在历史上，各种不平等状态和宗教始终是欧洲社会中出现的最经常的不稳定因素。

中国人对欧洲是比较陌生的，对欧洲文化也不通晓。我们往往把欧洲各国和各民族当成一个相似的群体，很难发觉它们的差异。拉佩尔女士的这本书让我们很好地了解了欧洲各民族的差异。同样，外国读者对中国的了解也存在着这样的隔膜，对中国文化与人民生活的了解也是单

① 拉佩尔．话说欧洲民族性．刘玉俐，译．北京：中国人民大学出版社，2007.

色调的。中国丰富而多样的地区文化、民族文化，不是单一刻板的面孔、不是麻木的整体，其生动活泼的生命力在文学作品中就能体现出来。要想更多地了解中国就需要有翻译家向国外读者介绍中国和中国人的生活，而最好的途径就是将中国文学作品翻译、介绍、传播出去。

第二，优秀的文学翻译作品就是文学再创造。

简单的“信、达、雅”尚不足以表达文学翻译的至高追求，优秀的文学翻译就是要将蕴含在一种民族语言文字中的意义与情感，在另一种民族语言文字中活灵活现地表达出来。优秀的文学翻译就是要让文学的灵魂和美丽在不同的民族文化中完美地呈现，让各个民族的伟大作家和他们的作品成为人类共同的心灵思考和追求，成为人类共同的精神文化产品。

近现代以来，海外文化和文学作品通过广大翻译工作者的辛勤劳动和再创作，大量传入中国，启发和感染了一代又一代中国读者。在中国，每一个时代都有数量极为可观的文学青年，他们喜爱并探讨着文学问题，他们会与作品中的人物一起经历喜怒哀乐，他们会成为不同文学大师的拥趸。例如，习近平同志就是一位超级文学爱好者，他阅读了大量的中外文学作品，在他的讲话中提到了许许多多国外文化名人和文学名人，例如德国的莱辛、歌德、席勒、海涅、巴赫、贝多芬、舒曼、瓦格纳、勃拉姆斯等，俄国的普希金、果戈理、莱蒙托夫、屠格涅夫、陀思妥耶夫斯基、涅克拉索夫、车尔尼雪夫斯基、托尔斯泰、契诃夫、高尔基、肖洛霍夫、柴可夫斯基、里姆斯基-科萨科夫、拉赫玛尼诺夫、列宾等，法国的拉伯雷、拉封丹、莫里哀、司汤达、巴尔扎克、雨果、大仲马、小仲马、莫泊桑、罗曼·罗兰、萨特、加缪、米勒、马奈、德加、塞尚、莫奈、罗丹、柏辽兹、比才、德彪西等，英国的乔叟、弥尔顿、拜伦、雪莱、济慈、狄更斯、哈代、萧伯纳、透纳等，美国的霍桑、朗费罗、斯托夫人、惠特曼、马克·吐温、德莱塞、杰克·伦敦、海明威等。在中国 40 多年的发展变革中，大量的外国文学作品被翻译成中文出版发行，中国新一代知识青年和文学爱好者阅读了大量的外国文学作品。

同样，要想让世界各国读者走到中华文化之中，要想让中国文学成果成为世界文学成果的重要组成部分，也需要从翻译传播中国文学作品开始。当代中国文学发展十分突出，许多经典作品感染和打动着中国读者，也必然会打动外国读者。需要指出的是，如果我们仔细比较不同年龄组人群的阅读习惯和阅读兴趣，就会发现各国青年群体之间的文学兴趣差异明显在缩小。

第三，交流塑造着人们的生活。

人类社会的历史就是一部不断与外界交流进而推动自身生活改变与变革的历史，也就是说交流推动着改变和变革。不同民族与社会的品格就是在许多不同民族和社会的交流中形成的，这种交流既可以是人与人、人与社会、人与自然的交流，也可以是人与文化、文化与文化的交流，后者就包括了文学的交流。

一个民族的宽容程度（有时我们把这种宽容理解为“开放”程度，或者叫作“接受”程度，但是我想不应当理解为“容忍”程度），特别是对待外来事物的态度很能决定这个民族的发展。有的民族似乎在长期的历史中形成了一种只要是好的就不管是谁发明的都要学习或拥有的实际态度，哪怕曾经是“敌人”拥有或者创造的；有的民族则对一切外来的东西保持十分敏感的警觉，总是担心会打开“潘多拉魔盒”。对于中国来说，由于人口规模、读者群体、语言特点等因素的影响，在文学和文化上的“以自我为市场”的思维根深蒂固，现在是到了需要改变的时候了。

文化交流需要谦虚的态度。对于中国来说，文化交流上的谦虚态度更为重要，没有文化交流上的谦虚态度往往会使自己所拥有的文化在激烈的竞争中处于十分不利的地位。各种不同的文明和文化都具有其优势和特点，对不同文明和文化都应保持应有的尊重和敬畏，在文明和文化交流中真实地学习那些有益的东西。不能以自己文化的特点和优点为借口，贬低其他国家和民族的优秀文化成果甚至拒绝其他国家和民族的优秀文化成果。

第四，一个可以分享的案例：“当代斯诺”——马克林教授。

鼓励外国知华友华亲华挺华的国际友人拿起笔来，撰写他们了解的当代中国，这是中国文化国际传播的重要方式。例如，澳大利亚联邦人文学院院士、格里菲斯大学荣誉教授、著名中国问题专家马克林（Colin Patrick Mackerras）就是一位长期与中国开展文化交流的学者。他出版了大量研究中国的著作，如《我看中国》，该书中文版在中国国内出版发行、英文版在海外出版发行，受到了读者的欢迎和好评。

马克林教授热爱中国和中国文化，早在 1964 年从英国剑桥大学毕业之后即携妻子自荐来华执教，来到当时尚未与澳大利亚建立外交关系的中国。此后马克林教授先后数十次来华访问，并在中国多所大学执教，开展中国少数民族、中国戏剧、中国历史、中澳关系以及中国的国际形象研究，他撰写了大量研究中国问题的论著。在《我看中国》这部著作中，马克林教授深入探讨了中国形象的来源并特别指出："21 世纪的一个重要特点，就是中国普通民众在国家形象塑造中，起到越来越大的作用。20 世纪上半叶，对西方产生影响的中国人，恐怕就是林语堂和宋美龄；20 世纪后半叶，在西方代表中国的大多数是政治要人，如毛泽东和邓小平。现在，越来越多的中国人走出国门，越来越多的外国人来到中国，每个中国人都可能成为中国形象的代言人。"面对西方国家不断贬低和丑化中国形象的思潮，他坚定地认为："尽管改善中国的西方形象前路漫漫、荆棘重重，但这绝不会是一条无望的征途。"他就是用他的切身感受和观察、用他的真诚和不懈努力，改变着西方世界对中国的看法。

2014 年 11 月 17 日，习近平主席访问澳大利亚期间特别邀请了马克林教授到联邦议会聆听他的演讲。习主席在演讲中说："今天，我们很高兴地邀请到了格里菲斯大学的马克林教授。1964 年，马克林教授首次赴华任教。半个世纪来，马克林教授 60 多次访华，在亲历中国发展进步的同时，孜孜不倦向澳大利亚和世界介绍中国的真实情况。特别值得一提的是，马克林教授的儿子斯蒂芬是中华人民共和国成立以来在中国出生的第一个澳大利亚公民。可以说，马克林教授以不懈努力和真挚热情，为两国人民相知相亲搭建起一座桥梁。"马克林教授被誉为"当代斯诺"，实不为过。

第三章

话语权与国家软实力

3 话语权与国家软实力

早在2013年12月，习近平同志就指出："文化软实力集中体现了一个国家基于文化而具有的凝聚力和生命力，以及由此产生的吸引力和影响力。古往今来，任何一个大国的发展进程，既是经济总量、军事力量等硬实力提高的进程，也是价值观念、思想文化等软实力提高的进程。"① 要"努力夯实国家文化软实力的根基。事物的发展变化是由内因和外因共同作用的，其中内因起决定性作用。提高国家文化软实力要'形于中'而'发于外'，切实把我们自身的文化建设搞好，朝着建设社会主义文化强国的目标不断前进"②。这实际上已经为我国文化软实力建设指明了方向。

一、国家话语权与国家文化软实力

如前所述，话语体系是国家思想文化与价值体系对自身存在和外部存在发展变化的系统思考和回应，话语体系反映着一个国家思想文化与价值体系的发展程度和表达程度。话语权是一个国家话语体系的吸引力和影响力，尤其是一个国家话语体系在国际舞台上的接受程度和影响程度。对于正处在全面建设社会主义现代化国家新征程的中国来说，提升我国的国家话语权和国家文化软实力，就必须大力推进我国当代价值观念走向世界，使之成为当今世界普遍认同或接受的人类共同价值观念。

（一）话语权与国家话语权

话语权是什么？通俗地讲，话语权就是说话的分量。那么，说话有没有分量就是话语权大与小的问题。如果规范一些讲，话语权表现为一种话语的接受程度和认可程度，接受和认可的程度深、范围大、影响广，这种话语体系的话语权就大。如果具体一些讲，话语权表现为作为

---

① 中共中央文献研究室．习近平关于社会主义文化建设论述摘编．北京：中央文献出版社，2017：198．

② 同①198-199．

一种话语体系的思想文化价值的传播范围、传播力度、传播形式、传播效果，表现为作为一种话语体系的思想文化价值的接受范围、接受程度、接受方式、接受效果，表现为一种话语体系的思想文化价值对于各种评价和舆论的掌控能力。

话语权不仅仅是说说话的事情，而主要是指一个国家的价值和主张在世界范围内的被认可和被接受问题。在马克思主义看来，话语体系和话语权实际上都与一个国家的物质活动结合在一起并是这种物质活动的体现，话语权源于它背后的社会经济关系和社会生产活动。“思想、观念、意识的生产最初是直接与人们的物质活动，与人们的物质交往，与现实生活的语言交织在一起的。人们的想象、思维、精神交往在这里还是人们物质行动的直接产物。表现在某一民族的政治、法律、道德、宗教、形而上学等的语言中的精神生产也是这样。人们是自己的观念、思想等等的生产者，但这里所说的人们是现实的、从事活动的人们，他们受自己的生产力和与之相适应的交往的一定发展——直到交往的最遥远的形态——所制约。”[①] 马克思主义认为，意识形态是观念的上层建筑，是从物质生产和物质利益中派生出来的一系列思想。并且，所有的意识形态都是对物质生产关系的反映，属于意识范畴。统治阶级将统治阶级内部的关于世界的看法和基本观点上升到法律的高度，将其制度化、固定化，并让其被统治阶级成员接受，作为一种基本的世界观。

作为社会意识形态工具的话语权具有重要的作用。话语权需要由话语体系建设和话语体系传播来实现，但是话语权的根本力量还是来源于话语权背后的事实本身。例如，我们可以运用许多数字和图片向海内外生动地介绍中国改革开放以来所取得的伟大成就，让人们了解中国自 1978 年以来社会经济所发生的巨大变化，让人们增强对中国坚持改革开放和和平发展的信心，相信一定会取得显著的效果。同样，我们还可以根据中国改革开放的生动缩影——深圳经济特区的建设

① 马克思，恩格斯．马克思恩格斯文集：第 1 卷．北京：人民出版社，2009：524-525.

与发展事例来观察和体会 40 多年来中国发生的巨大变化，其效果将更加具有说服力和感染力。改革开放是 20 世纪 70 年代末 80 年代初发生在中国的、对整个世界产生了巨大影响的历史性实践，它代表了并真实反映着中国发展的方向，深圳就是这一话语体系的鲜活的事实支撑。

习近平同志指出："兴办经济特区，是党和国家为推进改革开放和社会主义现代化建设进行的伟大创举。""深圳是改革开放后党和人民一手缔造的崭新城市，是中国特色社会主义在一张白纸上的精彩演绎。深圳广大干部群众披荆斩棘、埋头苦干，用 40 年时间走过了国外一些国际化大都市上百年走完的历程……这是中国人民创造的世界发展史上的一个奇迹"①。深圳经济特区建立的意义远远超过了建立特区本身，在中国改革开放的历史时期，其建立是中国特色社会主义道路的一种积极探索和伟大创举。我们说深圳经济特区是中国特色社会主义道路的一种探索，是说深圳从一开始设立就是在为中国坚持社会主义制度下发展社会生产力探索道路，在这里把各种发展模式和发展道路的长处和优点尽量地吸收，创造出了具有自己特色的"深圳模式"；在这里把社会主义原则与要求和西方资本主义制度下的管理与经营很好地结合起来，创造出了中国自己的经营管理经验和做法；在这里把发展经济作为第一要务，紧紧扭住经济建设这个中心不动摇，实现了举世瞩目的快速发展；在这里很好地实现了经济与社会的共同发展，特别是在推动建立服务型政府方面积累了丰富的经验；在这里经济现代化程度、社会文明程度和公民自觉意识实现了协调发展，塑造了中国城市化发展的典范；等等。这些方面都反映出深圳经济特区是中国特色社会主义道路的先行探索者。

许多不很了解中国改革开放伟大历史进程的海外人士都有过这样的感受，那就是虽然聆听了许许多多有关中国改革开放的宣介，但是他们总是心存疑问。当他们来到中国特别是考察了深圳的发展历程的时候，

---

① 习近平．把经济特区办得更好、办得水平更高．人民日报，2020-10-15（2）．

他们被彻底地说服了。这样的事例很能说明，话语权背后的事实支撑是话语权的力量所在，也是话语权的底气所在。为什么深圳具有这样的说服力？看看深圳就会有很大的启发？就是因为深圳是中国改革开放的缩影，是我国改革开放的风向标，反映了我国改革与发展的理念与诉求。经过 40 多年的奋斗，它从一个小渔村一跃成为享誉世界的现代化都市，本身就讲述了中国改革开放的历史巨变。

话语权体现在国家层面，就是国家话语权。对于一个国家来讲，话语权是这个国家国际形象的重要组成部分，中国话语权也是中国国际形象的重要组成部分。一个国家的国际话语权，需要通过这个国家积极参与国际事务并发挥其作用来表达。一个国家政府、企业和老百姓在本国话语权的认知和表达上越是接近，其话语权的分量越重。当然，话语权不是说一定要铁板一块，不是说一定要以一种方式来表达。

话语权可以表现出多种多样的形式。话语权掌握在谁的手里，谁就容易引导整个社会舆论的方向。在目前的世界格局中，以美国为首的西方国家长期影响和主导着世界的话语体系，是实际上的世界话语体系的最主要的影响方。冲破和改变这种话语体系状况，充分表达中国人民的理想和意愿，让世界话语体系更丰富、更全面地反映世界各国和人民的整体利益，就是我们推进世界话语体系变革的动力所在。

这就表明，话语权从一定意义上反映了一个国家、一个民族、一个群体的价值体系和价值追求，在话语权方面的交流、交锋、交融将长期存在。例如，党的十八大明确提出：“倡导富强、民主、文明、和谐，倡导自由、平等、公正、法治，倡导爱国、敬业、诚信、友善，积极培育和践行社会主义核心价值观。”中国社会主义核心价值观的 12 个关键概念，就是中国国际话语权的核心组成部分。习近平同志指出：“文化软实力的灵魂是什么？文化软实力建设的重点是什么？就是核心价值观，这是决定文化性质和方向的最深层次要素。一个国家的文化软实力，从根本上说，取决于其核心价值观的生命力、凝聚力、感召力。”① 这一核心价值观，充分吸取并基于中华优秀传统文化沃土，充分吸收并体现了人类文明进步的成果，反映并代表了中国的前进方向和价值取向，因而具有世界性的影响和意义。

（二）国家话语权与国家文化软实力

国家话语权是更重要的话语权。国家话语权反映着一个国家在国际上的影响力。中国在国际上的影响力要越来越大、形象要越来越好，需要加快国家话语权建设；中国的发展与成长要得到国际社会越来越多的理解与认同，需要加快国家话语权建设；为中国的发展营造一个良好的国际环境，确保中国发展得更好、更和谐，需要加快国家话语权建设；中国的发展不仅仅是自己的进步与发展，而能惠及周边国家和整个世界，让整个世界从中国的发展中得到更多实惠，同样需要加快国家话语权建设。

国家话语权也是国家文化软实力。“软实力”的提出则是美国哈佛大学教授约瑟夫·奈（Joseph Nye）的创新性研究所取得的成果②。在《软实力》一书中，约瑟夫·奈阐述了软实力的要素和重要影响力，批判了军事、武力、暴力等硬实力在构建世界新格局中的作用，他主张通过文明、文化、价值观念、生活方式等软实力来构建世界新格局，只有这样才能在国际政治舞台上不断取得成功。他所说的软实力主要包括文化吸引力、政治价值观吸引力以及塑造国际规则和决定政治议题的能力。在约瑟夫·奈的分析中，软实力可以表现在许多方面，但最重要的还是表现在国家话语权上。他在谈到亚洲国家软实力时指出，亚洲国家有着悠久历史和传统文化，对其他国家来说具有强大的软实力，由于近现代以来亚洲国家发展明显落后于西方国家，因而其软实力也被大大削弱。他预计到 2025 年亚洲国家的软实力就可以达到历史的

① 中共中央文献研究室. 习近平关于社会主义文化建设论述摘编. 北京：中央文献出版社，2017：203-204.

② 约瑟夫·奈是美国哈佛大学教授，最早明确提出了“软实力”的概念。1990 年他出版了《美国注定领导世界?：美国权力性质的变迁》，同年还发表了《软实力》一文。2004 年又出版了《软实力》一书。

最高水平。

约瑟夫·奈关于软实力的论述最早是从论述美国战略的角度提出来的，而并不是从解释中国战略的角度提出来的。他的“软实力”理论之所以对中国影响很大，主要就是因为中国在崛起的过程中，如何更好地发挥“软实力”作用显得十分重要。从一定意义上讲，软实力概念对我国学术界和广大读者还是起到了很大的警醒作用。全国人大原副委员长成思危曾经提道：“历史经验表明，软实力既可以使公理的一方如虎添翼，也可以帮强权的一方为虎作伥。”他希望我国在了解软实力的本质和作用的同时，探索我国在公平正义的基础上发展软实力的道路。

约瑟夫·奈近些年来对中国的战略也有过深刻的分析评价，这对于我们研究制定中国战略具有一定的意义。他提出，一个国家在制定策略的时候，一定要去思考在运用硬实力的过程中会不会影响到自己的软实力。必须要能意识到，有时候真正的赢家不是看哪个国家拥有最强大的军事力量，而是要看哪个国家的故事讲得最动听，因为讲故事的能力越来越重要。信息时代最稀缺的资源就是可信度。他提出，中国需要在世界舞台上表达自己的看法、阐明自己的要求、抒发自己的愿望。2012 年 1 月 27 日，他在《纽约时报》发文《为何中国的软实力偏弱?》并提出：“在过去十年间，中国的经济和军事力量取得了引人注目的增长，这引发了其邻国的恐慌，它们寻求盟友来制衡中国日益增长的硬实力。但是，如果一个国家的软实力同等增长，那么它的邻国不会那么着急去找盟友。例如，加拿大和墨西哥并没有寻求同中国结盟来制衡美国力量，正如中国的亚洲邻国如今所做的那样。”2012 年 2 月 16 日，他在一次演讲中又说：“虽然中国经济和军事实力不断崛起，但尚不能取代美国的全球霸主地位。原因有四：首先，中国的经济总量虽然有望超越美国，但人均 GDP 和创新能力等关键数据仍远远不足；其次，中国军事实力与美国相比仍有较大差距；再次，也是关键一点，即使中国经济和军事实力能够赶超美国，但软实力差距的缩小却非一日之功；最后，中国要获得国际社会的信任仍有很长的路要走。”

应该看到，与我国硬实力相比，我国国际话语体系仍处于相对弱势地位，中国的国家话语权与中国的国际地位不相适应。这与我们长期以来专心致志搞好国内改革开放和现代化建设的战略决策有关。但是在较频繁、较大范围和较大规模参与世界经济政治生活的时候，我国的软实力建设不足的问题就显得比较突出了，尤其是中国的国家话语权建设更是亟待加强。国家话语权既不是凭空从天上掉下来的，也不是依靠自我盲目封赏的，更不是他国恩惠赐予的，而是需要一个国家精心设计、全力塑造、大力培育和积极争取的。大力提升中国的软实力，增强中国国际话语权，是我国今后和相当长一段时间内很重要的一项战略任务。

无论国际上对中国软实力的评价如何，最根本的还是需要我们自己对中国文化软实力充满信心。习近平同志指出："当代中国价值观念，就是中国特色社会主义价值观念，代表了中国先进文化的前进方向。经过长期努力，我国成功走出了一条中国特色社会主义道路，取得举世瞩目的辉煌成就，实践证明我们的道路、理论体系、制度是成功的。世界上越来越多的人开始对当代中国价值观念感兴趣，越来越多的人开始客观看待当代中国价值观念。"①

二、话语权与话语体系建设

我国话语权和话语体系建设面临着艰巨的时代任务，有差距不可怕，关键是奋起直追，改变话语权和话语体系"西强我弱"的局面。伟大的时代产生伟大的思想，伟大的实践产生伟大的理论，存在的差距就是我们发展的空间，时代和历史给我国提出了话语体系建设的要求。习近平同志深刻指出："话语的背后是思想、是'道'。不要为了

① 中共中央文献研究室. 习近平关于社会主义文化建设论述摘编. 北京：中央文献出版社，2017：199.

讲故事而讲故事，要把‘道’贯通于故事之中，通过引人入胜的方式启人入‘道’，通过循循善诱的方式让人悟‘道’。要加强对外话语体系建设，用中国理论阐释中国实践，用中国实践升华中国理论，更加鲜明地展现中国思想，更加响亮地提出中国主张。我们提出的‘五位一体’总体布局、‘四个全面’战略布局、五大发展理念、经济发展新常态，我们倡导的正确义利观、命运共同体、新型大国关系、共建‘一带一路’等重大理念，就要加大传播力度，使其成为世界表达中国故事的源头、读懂中国的标识。”① 这就是中国对外话语体系建设的总的指导方针。

党的十八大以来，我国哲学社会科学在提升国家话语权和建设话语体系中的作用不断加强，哲学社会科学在着力加强中国特色学科体系建设、着力提升研究水平和研究能力、着力培养一大批学科带头人和学术团队等方面，都取得了突出的成效。加快构建中国特色哲学社会科学学科体系和话语体系，已经成为增强道路自信、理论自信、制度自信、文化自信的重要支撑，已经成为我国哲学社会科学繁荣发展的突破口和聚焦点。

第一，深入开展中国特色社会主义理论体系研究和宣传，为推进社会主义核心价值体系建设做出了重要贡献。党的十八大以来，我国哲学社会科学研究围绕新时代中国特色社会主义开展了大量的研究，推动了马克思主义中国化最新成果的普及，推动了新时代中国特色社会主义理论研究日益深入。哲学社会科学研究的丰富成果，深化了对中国共产党执政规律、社会主义建设规律和人类社会发展规律的认识，深化了对社会主义发展阶段、发展动力、根本目标的认识，深化了对社会主义市场经济理论和实践的认识。哲学社会科学研究的中心任务，就是紧紧围绕中国梦、“一带一路”倡议、“五位一体”总体布局、“四个全面”战略布局、五大发展理念、经济发展新常态等重大

① 中共中央文献研究室．习近平关于社会主义文化建设论述摘编．北京：中央文献出版社，2017：213-214.

时代主题，围绕习近平总书记系列重要讲话精神，开展广泛深入的研究。一批学养深厚的哲学社会科学学者参与了中央政治局的专题学习，并就有关专题进行了讲解，哲学社会科学研究的理论自觉空前提高。

第二，我国哲学社会科学研究对构建“中国特色、中国风格、中国气派”的学科体系和话语体系做出了重要贡献。中国哲学社会科学需要走出一条联系中国实际、扎根中国土地、面向中国实践、推动中国发展的道路。党的十八大以来，习近平同志高度重视中国哲学社会科学的健康发展，相继发表了一系列重要讲话谈话，极大地推动了我国哲学社会科学的健康发展。特别是 2016 年 5 月 17 日习近平同志在哲学社会科学工作座谈会上的讲话，系统、全面地阐述了党对哲学社会科学的基本评价、基本原则和基本要求，论述了我国哲学社会科学的时代要求、主要工作、根本任务和工作思路，对我国特色哲学社会科学的繁荣发展发挥了重要的推动作用。哲学社会科学研究和话语体系已经开始逐渐摆脱西方学术思想和话语体系的束缚与影响，开始在国内国际平台上发出中国的声音、阐述中国的立场、表达中国的观点，产生了重要的国际影响，引起了国际学术界的高度关注。

第三，我国哲学社会科学基础理论和学术前沿问题研究取得明显突破，在传承文明、创新文化、繁荣学术方面做出了重要贡献。基础理论和学术前沿问题研究事关中国特色哲学社会科学学科体系和话语体系的构建，事关中国学术思想和学术事业的长远发展。近年来，哲学社会科学研究推进学科体系、学术观点、研究方法和话语体系创新，产出了一批基础性、前沿性、标志性的学术成果。我国哲学社会科学著作出版和论文发表数量均居世界第一，整体研究质量大幅提升。由全国哲学社会科学话语体系建设协调会议办公室主持召开的“全国哲学社会科学话语体系建设理论研讨会”，从 2014 年开始举办，迄今已经举办了四届，就中国哲学社会科学话语体系创新进行了深入的研讨，极大地推动了中国哲学社会科学话语体系建设与研究工作，推动了话语体系创新成果向各个领域的传播和延伸。

第四，我国哲学社会科学在重大理论和现实问题研究、服务经济社会发展方面实现了新的突破，尤其是国家高端智库对我国全面建设社会主义现代化国家做出了重要贡献。党的十八大以来，大批哲学社会科学工作者自觉以改革开放和现代化建设中的重大理论和现实问题为主攻方向，深入实践，研究问题，贡献才智，研究成果直接服务国家和地方经济社会发展。2015 年 12 月国家公布了 25 个国家高端智库，2020 年 3 月公布了 5 个国家高端智库，目前我国已有 29 个国家高端智库（其中第一批中因机构改革缩减一家）①，标志着我国国家高端智库建设进入一个崭新的阶段，这些国家高端智库根据“国家急需、特色鲜明、制度创新、引领发展”的基本要求，加强对攸关国家中长期建设的若干重大问题进行前瞻性、针对性、储备性政策研究，为党和政府科学民主决策提供了重要参考。

第五，我国哲学社会科学深入研究和弘扬中华优秀传统文化，加强对党史国史和革命传统的研究宣传，为哲学社会科学知识普及做出了重要贡献。哲学社会科学工作者承担着深入研究中华优秀传统文化，为中华优秀传统文化教育教学提供理论基础和学理支撑的重任；加强党史国史的宣传教育是哲学社会科学工作者义不容辞的使命和责任，近些年来的主题研究和宣传活动，也吸引了越来越多的研究工作者从事党史国史研究，产出了一批优秀的研究成果；加强哲学社会科学通识教育与普及，提升全民的文化素质和人文素养，一批名家大家积极支持和参与，将深厚的理论积淀化为通俗的阐释语言，撰写了一系列兼具科学性和可

① 2015 年 12 月公布的第一批国家高端智库为：国务院发展研究中心、中国社会科学院、中国科学院、中国工程院、中央党校、国家行政学院、中央编译局、新华社、军事科学院、国防大学、中国社科院国家金融与发展实验室、中国社科院国家全球战略智库、中国现代国际关系研究院、国家发改委宏观经济研究院、商务部国际贸易经济合作研究院、北京大学国家发展研究院、清华大学国情研究院、中国人民大学国家发展与战略研究院、复旦大学中国研究院、武汉大学国际法研究所、中山大学粤港澳发展研究院、上海社会科学院、中国石油经济技术研究院、中国国际经济交流中心、综合开发研究院（中国·深圳）。后因中央党校与国家行政学院职责整合，组建新的中央党校（国家行政学院），25 家国家智库试点单位变为 24 家。2020 年 3 月公布的第二批国家高端智库为：中国国际问题研究院（外交部）、中国财政科学研究院（财政部）、中国科学技术发展战略研究院（科技部）、北京师范大学中国教育与社会发展研究院、浙江大学区域协调发展研究中心。

读性的高水平人文社科普及读物。

第六，中国特色哲学社会科学教材体系建设和国际学术交流取得显著成效，在马克思主义理论等相关学科建设与教材建设、服从服务于新时代国际战略布局与实践需要方面做出了重要贡献。按照中央实施马克思主义理论研究和建设工程的战略部署和总体要求，第一批150种哲学社会科学重点教材开始推广使用，以马克思主义为指导、具有时代特点、结构合理、门类齐全的哲学社会科学学科专业体系日益完善。哲学社会科学深入开展对外学术交流，扩大中华文化的国际影响力获得新进展。大力开展中外文化交流是新时期我国国际战略布局与实践的重要组成部分，近年来，我国哲学社会科学国际合作与交流全方位展开，层次和水平显著提高。从广度看，与亚洲、欧美地区的传统交流合作得到巩固提升，并拓展了与大洋洲、拉丁美洲、非洲等地区的交流与合作。中国国际学术话语权进一步增强，中华文化影响力逐步扩大。

三、国家话语体系建设

党的十八大以来，我国话语体系建设取得了长足的发展，呈现了空前繁荣发展的局面。尤其是习近平同志率先垂范，在一系列重大理论和实践问题上提出了许多阐释中国立场、中国观点、中国方案的新概念、新思想、新理论，为当今世界广泛接受和赞誉，成为向世界说明中国的典范。

加快我国国家话语体系建设既是一个需要长期不懈努力的重大历史任务，也是一个近期需要突破的重大时代任务，要把时不我待和假以时日结合起来，力争取得显著的进展。

（一）以社会主义核心价值观为引领全面加快话语体系建设

习近平同志深刻论述了社会主义核心价值观的重要性。“不同民族、不同国家由于其自然条件和发展历程不同，产生和形成的核心价值观也各有特点。一个民族、一个国家的核心价值观必须同这个民族、这个国家的历史文化相契合，同这个民族、这个国家的人民正在进行的奋斗相结合，同这个民族、这个国家需要解决的时代问题相适应。”① 当代中国的价值体系是加快我国话语体系建设的根本和核心，也就是说社会主义核心价值观是加快我国话语体系建设的重中之重。无论是我国对内对外的话语体系，还是各个层面的话语体系，都应突出这一当代中国价值体系的引领作用。在习近平新时代中国特色社会主义思想指导下，要突出社会主义核心价值体系的引领作用，切实增强“四个自信”，逐步改变我国哲学社会科学话语体系相对被动的局面，全面构建我国哲学社会科学话语体系。要胸怀中国，放眼世界，积极探索中国哲学社会科学话语体系创新的独特性和规律性，以期形成根植于中国实际、区别于西方国家的话语体系，推动我国哲学社会科学的繁荣发展，提升中国文化软实力和凝聚力。

弘扬社会主义核心价值观具有深远的意义，习近平同志在与大学生的座谈中特别指出：“富强、民主、文明、和谐，自由、平等、公正、法治，爱国、敬业、诚信、友善，传承着中国优秀传统文化的基因，寄托着近代以来中国人民上下求索、历经千辛万苦确立的理想和信念，也承载着我们每个人的美好愿景。我们要在全社会牢固树立社会主义核心价值观，全体人民一起努力，通过持之以恒的奋斗，把我们的国家建设得更加富强、更加民主、更加文明、更加和谐、更加美丽，让中华民族以更加自信、更加自强的姿态屹立于世界民族之林。”②

习近平同志指出：“从历史上看，对价值观念来说，先进的未必一开始就能占据主导地位，落后的也不会自动退出历史舞台。由于西方长期掌握着‘文化霸权’、进行宣传鼓动，当代中国价值观念存在太多被扭曲的解释、被屏蔽的真相、被颠倒的事实。同时，我们的阐释技巧、

① 习近平．习近平谈治国理政．北京：外文出版社，2014：171．

② 同①169．

传播力度还不够，当代中国价值观念的国际知晓率和认同度还不高，有时处于有理没处说、说了也传不开的被动境地。”① “我国要提高国家文化软实力，就必须使当代中国价值观念走向世界。要加强提炼和阐释，拓展对外传播平台和载体，把当代中国价值观念贯穿于国际交流和传播方方面面。”②

（二）以全面建设社会主义现代化国家为主线统领话语体系建设

习近平同志在党的十九大报告中提出了到本世纪中叶“两步走”的战略安排。第一步从 2020 年到 2035 年，在全面建成小康社会的基础上，再奋斗 15 年，基本实现社会主义现代化。第二步从 2035 年到本世纪中叶，在基本实现现代化的基础上，再奋斗 15 年，把我国建成富强民主文明和谐美丽的社会主义现代化强国③。通过“两步走”的总体战略部署，就是要实现中华民族伟大复兴的中国梦。这个中国梦的基本规定性就是：我国物质文明、政治文明、精神文明、社会文明、生态文明将全面提升，实现国家治理体系和治理能力现代化，成为综合国力和国际影响力领先的国家，全体人民共同富裕基本实现，我国人民将享有更加幸福安康的生活，中华民族将以更加昂扬的姿态屹立于世界民族之林。

如何阐释中国梦？习近平指出：“中国梦的宣传和阐释，要与当代中国价值观念紧密结合起来。要从哲理、历史、文化、社会、生活等方面深入阐释中国梦，不要空喊口号，不能庸俗化。要注重从历史层面、国家层面、个人层面、全球层面等方面说清楚、讲明白，中国梦意味着中国人民和中华民族的价值体认和价值追求，意味着全面建成小康社会、实现中华民族伟大复兴，意味着每一个人都能在为中国梦的奋斗中实现自己的梦想，意味着中华民族团结奋斗的最大公约数，意味着中华民族为人类和平与发展作出更大贡献的真诚意愿。要把中国梦的阐释同

---

① 中共中央文献研究室．习近平关于社会主义文化建设论述摘编．北京：中央文献出版社，2017：199－200．

② 同①200．

③ 习近平．习近平谈治国理政：第 3 卷．北京：外文出版社，2020：22－23．

中国道路、中国精神、中国力量紧密联系起来，使中国梦成为传播当代中国价值观念的生动载体。”① 正是因为实现中国梦是全体中国人民的梦想，因而已经动员起了最广大中国人民的踊跃参与。

（三）以继承和弘扬中华优秀文化为厚重内容促进话语体系建设

中华优秀传统文化和中国近现代以来积淀的优秀文化是一座丰富的文化宝库，在世界各文明古国和文化大国之中独树一帜，具有突出的文化发展优势。继承和弘扬中华优秀文化是我们的历史责任，我们应该重点研究和深入挖掘马克思主义对中国学术话语体系发展方向的革命性影响、在马克思主义指导下中国学术话语体系的创新性发展及其特点等；我们应该积极研究和深入挖掘中国传统文化与学术思想中的优秀文化理念和文化基因，诸如儒家提倡的“仁、义、礼、智、信”等学术话语体系和理念；我们应该积极研究和深入挖掘中国近代学术发展中形成的理念，以及源于西方话语体系并在中华学术话语体系中有了新内容新诠释的理念，诸如五四运动以来倡导的科学、民主等学术话语体系和理念；我们应该积极研究和深入挖掘中国学术话语体系中若干重要概念和核心学术词汇的丰富内涵和现实意义，诸如“大同世界”“和而不同”“以人为本”“天人合一”“实事求是”“科学发展”“和谐社会”“中国梦”“人类命运共同体”等。

习近平同志指出：“要注重塑造我国的国家形象，重点展示中国历史底蕴深厚、各民族多元一体、文化多样和谐的文明大国形象，政治清明、经济发展、文化繁荣、社会稳定、人民团结、山河秀美的东方大国形象，坚持和平发展、促进共同发展、维护国际公平正义、为人类作出贡献的负责任大国形象，对外更加开放、更加具有亲和力、充满希望、充满活力的社会主义大国形象。”“做这项工作，要大音希声、大象无形，坚持不懈、久久为功，让当代中国形象在世界上不断树立和闪亮起来。”②

---

① 中共中央文献研究室．习近平关于社会主义文化建设论述摘编．北京：中央文献出版社，2017：200-201.

② 同①202.

（四）将人民丰富多彩的精神文化生活作为素材推动话语体系建设

中华人民共和国成立 70 多年来特别是改革开放以来，中国人民的精神文化生活日益丰富，中国人民享受着和平安宁的生活。在中国社会政治生活中，人民是崇高而又具体的。中国的发展为了人民，人民是改革与发展成果的根本受益者。例如，1978 年全国城镇居民人均可支配收入为 343 元，农村居民人均纯收入为 134 元。而到了 2020 年城镇和农村居民人均可支配收入分别增至 43 834 元和 17 131 元。这样的增长速度在同期世界其他国家中是没有的。又如，截至 2020 年，中国固定宽带家庭普及率已达 96%，移动宽带用户普及率达到 108%，基本建成全球最大的移动宽带网，网上支付、网上消费成为时尚，在中国这样一个发展中国家，实现这样的互联网普及率是难以想象的。居民消费水平不断提高，消费类别不断多样化。再如，中国高等教育的发展速度举世瞩目，2020 年普通本专科在校学生 3 285.3 万人，高等教育毛入学率已达到 54.4%，高于中高收入国家平均水平，中国积累了空前庞大的高科技创新发展的人才储备。此外，2015 年中国人口平均预期寿命为 76.34 岁，2020 年中国人均预期寿命达到 77.3 岁。世界银行专家对中国发生的变化评论道："中国只用了一代人的时间，取得了其他国家用几个世纪才能取得的成就。"这些人民精神文化生活的巨变，就为中国话语体系建设和讲好中国故事提供了生动的素材。

习近平同志指出："国际社会对中国的关注度越来越高，他们想了解中国，想知道中国人的世界观、人生观、价值观，想知道中国人对自然、对世界、对历史、对未来的看法，想知道中国人的喜怒哀乐，想知道中国历史传承、风俗习惯、民族特性，等等。这些光靠正规的新闻发布、官方介绍是远远不够的，靠外国民众来中国亲自了解、亲身感受是很有限的。而文艺是最好的交流方式，在这方面可以发挥不可替代的作用，一部小说，一篇散文，一首诗，一幅画，一张照片，一部电影，一部电视剧，一曲音乐，都能给外国人了解中国提供一个独特的视角，都能以各自的魅力去吸引人、感染人、打动人。京剧、民乐、书法、国画等都是我国文化瑰宝，都是外国人了解中国的重要途径。”①

(五) 以国际文化交流为途径增强话语体系建设成果的国际传播

当前国际话语体系现状是“西强我弱”，而且短时期内这一格局不可能彻底改变。我国加强国家话语体系建设，还必须参考和借鉴西方话语体系的成熟经验与做法，开展话语体系的比较研究和专项研究，尤其要深入研究美国、欧洲等西方主要国家话语体系的基础、异同、旨趣、本质和相互关系，研究西方国家学术话语体系对世界各国特别是中国学术话语体系的影响。要重点研究西方学术话语体系构建的基础、规范、原则等对我国话语体系构建的启示和借鉴，包括研究西方话语体系设置新议题、新概念的途径与方式，使我国话语体系建设站在世界各国话语体系建设的成熟经验基础之上。

习近平同志指出：“尽管我们在提高国际话语权方面取得了重要进展，但同西方国家相比，我们还有不小差距。应该承认，对国际话语权的掌握和运用，我们总的是生手，在很多场合还是人云亦云，甚至存在舍己芸人现象。”②“要创新对外话语表达方式，研究国外不同受众的习惯和特点，采用融通中外的概念、范畴、表述，把我们想讲的和国外受众想听的结合起来，把‘陈情’和‘说理’结合起来，把‘自己讲’和‘别人讲’结合起来，使故事更多为国际社会和海外受众所认同。”③

(六) 软实力的“硬对抗”：构建有实力的国家话语体系

当今世界正面临百年未有之大变局，其中一个重要方面就是中国的发展引发的世界政治经济秩序巨变、全球治理体系亟待完善。从国际政治“疫情”蔓延的情况看，以美国为首的一些西方国家正在加剧软实力

---

① 中共中央文献研究室．习近平关于社会主义文化建设论述摘编．北京：中央文献出版社，2017：206-207.

② 同①203.

③ 同①213.

的“软对抗”向软实力的“硬对抗”转变。应该看到，这些国家遏制中国发展的图谋十分明显，其中一个重要因素就是中国 GDP 快速增长，1978 年中国 GDP 占世界经济总量的比重约为 1.8%，居全球第 11 位，在 2000 年以前，这一位次大约都在第 7 位以后，2000 年升至世界第 6 位，2007 年升至世界第 3 位，2010 年超过日本并连年稳居世界第 2 位。所以，我们说世界出现百年未有之大变局是我们这个世界的基本特点，特别是因中国经济的快速发展而对世界经济发展起到的积极作用不可低估。多家权威机构都评价指出，中国经济增长对世界经济增长的带动作用日益明显，在世界经济增长中的贡献率超过 30%。

但是也有一些主要经济体看不到中国经济发展给世界带来的利好，而想方设法极力抹黑和阻碍中国经济发展，从而导致世界经济发展的不确定性增大。

我们要清醒地看到，当今国际政治“疫情”也因美国等西方主要国家政治经济和新冠肺炎疫情的蔓延，加剧了它们对中国的政治攻击和文化“围剿”，尤其是美国政府少数人将攻击的矛头直接针对中国共产党和中国社会主义制度，软实力的“软对抗”开始滑向软实力的“硬对抗”。这是我国“十四五”期间和今后更长一段时间内加快建设文化强国的重要原因，也是我国建设文化强国所必须面对的复杂国际形势。

The Construction of Chinese Discourse System

第四章

西方话语体系的前世今生

4 西方话语体系的前世今生

西方话语体系始终以为自己的文化存在着显著的优势，近代以来西方话语体系里的非西方文化，几乎都是落后和低级的文化。美国学者萨义德曾经揭露了美国等西方国家在所谓东方学里的顽固观点：“它不仅认为东方乃为西方而存在，而且认为东方永远凝固在特定的时空之中。东方学描述东方和书写东方……以致东方文化、政治和社会历史的所有时期都仅仅被视为对西方的被动回应。西方是积极的行动者，东方则是消极的回应者。西方是东方人所有行为的目击者和审判者。”①

如果我们分析一下自 1 500 年以来的全球化进程的话，就会发现西方国家大约从那个时候就已经开始认为自己的文明高于世界其他地区的文明，伴随着西方殖民主义世界体系的建立，它们在经济领域、政治领域、军事领域以及国际事务中的话语强权逐渐形成。它们之所以形成话语强权，绝不是因为它们的话语体系具有更多的真理性，而是源于它们的经济、政治、军事以及在国际事务中的强权。

一、话语体系与治理体系

从一定意义上说，国际话语体系的状况折射着世界治理体系的状况。在人类历史发展进程中，强权国家总是主导着区域的或国际的话语权。而真正意义上的国际话语权，则是在西方资本主义兴起和资本主义世界体系建立之后出现的。不同时期，主导国际话语权的国家也不完全一致，这些被亨廷顿（Samuel P. Huntington）称为“核心国家”的国家也总是在变换着。尤其是在资本主义早期发展阶段，对外贸易规模大小和数量多少往往决定着一个国家的强盛与否，葡萄牙、西班牙都曾被称为“核心国家”而在世界各大洲之间从事对外贸易活动，它们建立了庞大的海外领地和殖民地，拥有很大的国际话语权，主导着世界不少地区的治理体系。随着工业革命的产生和工业制品优势地位的确立，英国代之

① 萨义德. 东方学. 王宇根，译. 北京：三联书店，2007：142.

而起成为“核心国家”，并长时期主导着国际话语权和世界治理体系。海外有学者搜集 1750—1850 年英国、西班牙、荷兰三国船只航海的信息，发现这期间三国都迫切、频繁地进行着新旧大陆间的贸易往来，英国更集中于北美加拿大殖民地、亚洲地区的贸易，西班牙更集中于北美地区和南美地区的贸易，荷兰更集中于北美加勒比海地区的贸易，它们的财富积累主要是通过殖民贸易取得的[①]。按照安格斯·麦迪森的数据，1600 年的世界财富大约是公元元年的 3 倍，而到了 1870 年世界财富又是 1600 年的 3 倍。财富急剧增加的一个重要因素，就是殖民贸易和殖民掠夺。

殖民贸易和殖民掠夺使这些国家迅速成为“核心国家”，并取得了世界话语权和世界治理体系主导权。事实上，在世界资本主义体系中，争夺“核心国家”地位的角逐从来都是赤裸裸的，最为典型的莫过于两次世界大战的爆发。无论引发这两次世界大战的具体诱因是什么，其根本因素就是西方资本主义国家之间为争夺“核心国家”地位进行的战争。例如，以德国、意大利、日本等国为代表的所谓“轴心国”之所以挑战以英国、法国、美国为代表的“同盟国”，其根本目的就是试图取代后者在世界话语体系和世界治理体系中的主导权。

（一）二战后两个世界治理体系的消长

第二次世界大战并没有彻底改变世界话语体系和世界治理体系主导权的根本方面，而是促使美国成为西方资本主义“核心国家”，并彻底取代了英国的地位，欧洲大陆在世界话语体系和世界治理体系主导权方面明显下降了。二战结束之后，以美国为首的西方资本主义阵营和以苏联为首的社会主义阵营长期对峙，诚如亨廷顿所说：“在冷战期间，任何秩序都是超级大国支配两大阵营和影响第三世界的产物。”[②] 世界话语体系和世界治理体系主导权总是在此消彼长的过程之中，但是以苏联为

① 德菲里波，等. 信息图中的世界史. 龙彦，等译. 北京：人民邮电出版社，2016：88-89.

② 亨廷顿. 文明的冲突与世界秩序的重建：修订版. 周琪，等译. 北京：新华出版社，2010：135.

首的社会主义阵营的世界话语体系和世界治理体系主导权则始终没能压制住对方。

二战结束之后特别是冷战格局结束之后，世界治理体系发生了许多变化，那就是联合国的成立和联合国作用的扩大。成立于 1945 年的联合国是维护战后世界格局的由主权国家组成的政府间国际组织。从联合国的宗旨我们可以看出，它致力于维护国际和平与安全；发展以尊重各国人民平等权利及自决原则为基础的国际友好关系；进行国际合作，以解决国际经济、社会、文化和人道主义性质的问题，并促进对于全体人类的人权和基本自由的尊重。

中国是联合国的创始会员国。

（二）美西方国家长期图谋操控联合国

实际上，虽然联合国已经成立，但是在美西方国家长期主导的世界话语体系和世界治理体系中，联合国的作用长期没有得到应有的发挥，而且在相当长一段时间内受到美西方国家的操控。众所周知的是，1950 年 7 月 7 日联合国安理会在苏联缺席的情况下，通过了组织所谓的“联合国军队”进入朝鲜半岛、参与朝鲜半岛战争的决议，战火已经烧到鸭绿江边，严重威胁刚刚成立的中华人民共和国的国家安全，从而导致中国人民志愿军入朝作战，抗美援朝、保家卫国。

冷战结束之后，随着广大发展中国家的崛起和发展呼声的提高，联合国的地位和作用显著增强。包括中国在内的许多发展中国家成为联合国进行维和等国际活动的积极参与者。

习近平同志在 2020 年联合国成立 75 周年纪念峰会上高度评价了联合国的价值和作用。他指出：“75 年前，世界人民经过浴血奋战，赢得世界反法西斯战争伟大胜利。这是正义的胜利、人民的胜利。在上个世纪前半叶人类两度身历惨不堪言的战祸之后，联合国应运而生，走过了 75 年不平凡历程。世界和平与发展掀开新篇章。联合国的 75 年，是人类社会迅速发展的 75 年。我们经历了深刻广泛的科技发展和工业革命，正在迎来新一轮更大范围、更深层次的科技革命和产业变革，世界社会生产力得到极大解放和发展，人类战胜困难和改造世界的能力空前提高。联合国的 75 年，是国际形势深刻变化的 75 年。广大发展中国家赢得民族解放和国家独立，10 多亿人口摆脱贫困，几十亿人口迈上现代化征程，极大增强了世界和平与发展的力量，深刻改变了世界格局。联合国的 75 年，是多边主义快速发展的 75 年。世界问题多得很、大得很，全球性挑战日益上升，应该也只能通过对话合作解决。国际上的事大家商量着办，同舟共济已经成为国际社会广泛共识。”①

二、西方话语体系的强势维护

当前西方话语体系在国际话语体系中仍占据着主导地位，短时期内我们还无法彻底改变这一话语体系格局。从根本上讲，西方话语体系代表着世界资本主义体系的利益和诉求，是世界资本主义体系的上层建筑和意识形态表达。马克思主义深刻揭露了这种上层建筑和意识形态的实质："统治阶级的思想在每一时代都是占统治地位的思想。这就是说，一个阶级是社会上占统治地位的**物质**力量，同时也是社会上占统治地位的**精神**力量。支配着物质生产资料的阶级，同时也支配着精神生产资料，因此，那些没有精神生产资料的人的思想，一般地是隶属于这个阶级的。占统治地位的思想不过是占统治地位的物质关系在观念上的表现，不过是以思想的形式表现出来的占统治地位的物质关系；因而，这就是那些使某一个阶级成为统治阶级的关系在观念上的表现，因而这也就是这个阶级的统治的思想"②。

（一）既往的全球化是西方话语体系传播的巨大动力

西方话语体系的这种阶级本质，可以从西方话语体系在国际话语体

① 习近平．在联合国成立 75 周年纪念峰会上的讲话．人民日报，2020-09-22（2）．

② 马克思，恩格斯．马克思恩格斯文集：第 1 卷．北京：人民出版社，2009：550-551．

系中优势地位的确立中看得出来。也就是说，西方话语体系优势地位来自1500年以后资本主义推动的全球化进程，资本主义价值观是西方话语体系的内在力量。

一些西方学者往往从经济发展角度来分析全球化，例如他们认为全球化作为一种经济现象，一直是经济一体化和几十年来全球经济增长的主要驱动力量，全球化包括贸易、金融、信息技术的流动、离岸外包等的发展速度是现代经济史上前所未有的[①]。美国经济学家赫尔曼·德雷也认为："全球化是指通过自由贸易、资本自由流动，以及较少或完全不受限制的劳动力自由流动使世界各国经济向一个全球经济的整合。"他特别强调了全球化与国际化之间的区别，认为与仅是强调各国间经贸联系的国际化相比，全球化更强调把各国的经贸活动都整合进一个有机联系的世界经济体系之中，以及各国作为经济实体的独立性逐渐减弱甚至消失。而埃伦·米克辛斯·伍德尖锐地指出：全球化是资本主义本身的普遍化，它的社会关系、运动法则、矛盾的普遍化——商品经济、资本积累和追求最大限度利润的逻辑已经渗透到人们日常生活的诸多方面[②]。

对于全球化发展进程，罗比·罗伯逊认为："截至目前，人类经历了三次全球化的浪潮。第一次全球化兴起于1500年之后，持续到18世纪中叶，主要的成就是构建了一个全球贸易网络。第二次全球化始于1800年之后，延续到20世纪初期，主要的动力源是工业化。第三次全球化始于1945年第二次世界大战结束之后，目前仍然处于该阶段。"[③]托马斯·弗里德曼也认为全世界经历了三次全球化时期，全球化的历史也是一个全球化的版本不断升级的过程。全球化的1.0版本是从1492年到1800年，推动的力量是国家扩张和资源竞争；全球化的2.0版本是从1800年到2000年，推动的力量是国际性的跨国大公司；全球化的

---

① 斯彭斯，莱普泽格. 全球化与增长：后危机时代的含义. 刘学梅，译. 北京：中国人民大学出版社，2016：1.

② 伍德. 现代主义、后现代主义、还是资本主义?. 每月评论，1996（7）.

③ ROBERTSON R. Three waves of globalization: a history of a developing global consciousness. London and New York: Zed Books, 2003: 4.

3.0 版本是从 2000 年到现在，推动的力量是个人的扩张[①]。

我们认为全球化可以分为以下四个阶段：第一阶段是以贸易为引领的全球化时期，主要是葡萄牙、西班牙等国的海上贸易霸权时期，这一阶段全球化的最大动力直接来自贸易，贸易力量和贸易方式的变革引领了这一阶段全球化的形成。通过海上商路和陆地商路进行殖民掠夺具有特别的意义，奴隶贸易成为这一阶段血腥的历史记忆。第二阶段是以商品为引领的全球化时期，主要是英国产业革命所引发的全球化，这一阶段全球化以工业产品的市场开拓和宗主国占领众多海外领地为特征，工业生产体系和产品的优势得到了很好的发挥。英国世界霸权地位的提升主要来自工业革命所带来的生产能力的根本改变，传统生产体系的优势彻底丧失，任何依赖传统生产体系的地区都被逐步改变。第三阶段是以资本为引领的全球化时期，这一阶段主要以美国战后形成和确立的特殊的垄断地位为特征，资本的力量和意志得到了充分的发挥，这也是“典型的”全球化阶段。这一阶段全球化更多表现为围绕世界资本体系的全球化过程，一切弱小的国家和地区都被全球化的资本力量改变着其原有的形态，成为资本的不同等级和级别的附属。第四阶段是正在开启的以中国为代表的发展中国家和新兴经济体积极参与的全球化，这一全球化进程尚处在上升时期，需要与原有的全球化进行激烈的角逐，我们相信这一阶段的全球化是以价值为引领的全球化。

无论我们怎样评价全球化，西方资本主义国家和世界资本主义体系都是在以往的全球化进程中获得了巨大的经济收益，在它们那里积累的巨额财富中有相当一部分来自被它们长期奴役和掠夺的发展中国家。

(二)“西强我弱”的国际话语体系格局仍将存在

“西强我弱”的话语体系已经存在很长一段时间了，至今仍是我国话语体系建设面临的现实状态，也是我们在话语体系建设过程中需要严

---

① FRIEDMAN T L. The world is flat：a brief history of the twenty-first century. New York：Farrar，Straus，Grioux，2005：10-11.

肃对待和实现跨越的主要对象。从国际话语体系格局来看，西方话语体系利用其在国际话语体系中的主导地位，仍引领全球话语体系的发展趋势与潮流，仍不断向非西方国家包括中国进行文化渗透和扩散，说到底就是仍然在大力推行和维护西方文化霸权与话语霸权。

例如，英国文化委员会在2012年7月向政府提供了一份《影响力与吸引力：21世纪的文化和软实力竞赛》的报告，该报告的前言是时任英国外交及英联邦事务国务大臣的夏伟林（William Hague）所撰写的，明确表达了英国的国际文化战略。一是分析了当代世界文化交流的重要性，指出今日的外交政策已不再是政府的专属地。现在，个人、公民社会、商业、利益集团、慈善组织等之间联系频繁，而这些联络都已成为国与国外交关系的一部分。现在，深入了解这些世界各地的新人际组织网络，使用更多渠道（包括社会媒介）来增进关系，或努力在国际法庭上呈现英国的观点，赢得公众舆论和国际谈判，都变得越来越重要了。二是论述了英国文化的优势地位，指出英国在这方面有着巨大的优势：英语这门语言将英国与成千上万的人联系在一起；英国的历史和多元社会让英国与地球上几乎所有民族都有关联。英国在财经服务、机械工程、科学及技术方面的熟练技能无人能及。英国有着优秀精良的机构，如英国文化委员会、BBC传媒及历史悠久的大学，这些是全世界民主价值的灯塔。三是提出了英国需要面对的世界新的变化，指出世界在不断变化，英国和其他国家及人民打交道的方式也需要不断更新和调整。英国要发现新的联系方式，关注世界上正在兴起的力量，支持其人权和自由的公众舆论并鼓励创新。英国必须使用新方法来与其他国家沟通，增进了解，以便英国的外交在21世纪能保持高效。英国要继续吸引最好和最聪明的年轻人来英国学习、旅游和工作，并要与其他国家建立新的文化伙伴关系。此外，英国时刻要确保其政府能利用其影响力去保障本国以及其他国家人民的权利、安全和富裕生活。世界各地出现的文化国际中心正越来越多样化，这没有什么可以害怕的，相反会收获很多。这为英国及英国人民提供了新的机会。四是提出了英国文化“软实力”建设的必要性，指出英国一直是当代文化超级大国。在未来的几十年要保持“软实力”上的竞争力意味着要发展这些优势，像珍视英国的军事力量、经济及外交实力一样珍视之。在政府内英国已经决定要全力帮助释放英国民族生活中的那种机智和才能，以便让其在世界上能一直遥遥领先。

从这份报告的内容来看，就是要进一步巩固和增强英国的文化国际传播和国际化与体系建设的优势地位。这也是西方国家一致的做法。

这种“西强我弱”的话语格局反映在许多方面，在全球图书出版市场也是如此。例如，从 2018 年全球图书出版发行能力来看，中国与美国、德国、英国、日本、法国排在全球前六位，中国位列第二。这六大出版强国占据全球图书市场份额的 67%，其中美国为 29%，中国为 17%，德国为 8%，英国为 5%，日本为 5%，法国为 3%。从英文出版总量来看，美、英两国加起来达到 34%，美国是目前全球最大的出版市场，其海外出版由于市场集中度较高，名列全球前茅的出版公司更是以集团化运作为主。2017 年全球前五位的出版集团为培生集团、励讯集团（爱思唯尔）、汤森路透、贝塔斯曼、威科集团，五家公司营收分别达到 50.77 亿欧元、46.91 亿欧元、41.16 亿欧元、35.48 亿欧元和 33.42 亿欧元。这些全球出版巨头都是混业经营的跨国公司，培生集团是全球最大的教育集团及出版商，在许多国家设有分公司和办事机构；贝塔斯曼涵盖电视、图书、杂志、服务和媒体俱乐部等业务。而我国出版行业整体布局和竞争格局则相对分散，还没有产生具有国际性影响的全球性出版公司，从我国话语权的国际传播来看，我们还缺乏强有力的企业集团和企业组织。

（三）“普世价值”伴随着资本主义步伐涌向全球

在西方国家对外传播的话语体系中，“普世价值”往往是罩在它们自己的价值观念之上的光环，指的是西方国家特别是代表着垄断资本主义利益的价值观念。似乎在西方对外传播的话语体系中，这些西方的价值观念都是放之四海而皆准的“真理”，怀疑和质疑西方对外传播的这些价值观念就是与这种“普世价值”相对立。在当今国际事务中，人们看到的最多的国际干预事件和国际干预现象，就是西方一些国家总是根据它们自己的价值观念对其他国家的事务横加指责、任意干预，似乎这个世界的“真理”“公理”都掌握在少数西方国家手中，它们口中的“真理”“公理”最终都演化为它们手中干预其他国家事务的“武器”和“大棒”。是不是存在“普世价值”？我们认为根本不存在西方国家大肆宣扬和标榜的基于西方国家历史文化和价值选择的“普世价值”。人类社会发展本身就存在着代表历史发展方向、代表人民奋斗愿望、代表社会公正合理、代表政治文明和谐的价值观念，这些价值观念构成了人类的“共同价值”。人类社会发展的许多价值观念、各个国家和民族优秀文化中的价值观念，都是这种人类“共同价值”的组成部分。但是，我们也认为各个国家和人民对于这些人类“共同价值”的解释权和定义权是同等重要的，是不能被剥夺的。没有这种同等的解释权和定义权，西方国家就会利用其在国际话语体系格局中的优势地位，在世界上到处挥舞罩着“普世价值”外衣的“武器”和“大棒”。

在我国哲学社会科学研究领域，的确还存在着把西方话语体系作为“普世价值”的错误观点，没有彻底认清西方话语体系的意识形态属性。实际上哲学社会科学思想体系和话语体系本身具有二重性，它既是一定社会发展阶段和社会实践的反映，也是一定意识形态的反映，超越一定社会发展阶段和社会实践、超越意识形态的哲学社会科学是不存在的。曾几何时，运用西方学术话语体系解释中国发展问题一度成为时尚。改革开放过程中，我们向西方学习先进的科学技术和管理经验时出现了“以西方为师”的现象，这种现实造成了一些人对西方话语体系采取了仰视的心理定式和自卑心态，从而在研究中出现亦步亦趋的现象；一些简单套用西方话语体系研究中国问题、解释中国问题的现象也较多出现，人们时常可以看到这种研究得出的荒诞不经的观点和结论。甚至可以说这些年来在我国一度流行的新自由主义、民主社会主义、历史虚无主义、极端民族主义、网络民粹主义等思潮，无不受了西方话语体系的影响。

马克思主义基本理论和方法，包括马克思主义哲学、政治经济学、科学社会主义等理论受到一定程度的冷落和削弱；中国本土思想和话语体系也被严重忽略，甚至到了知之者甚少、言之者寥寥、论之者无几的境地。当然，我们也要清醒地看到，研究的生命力在于立足于社会实践，脱离中国社会实践的哲学社会科学没有前途。从现实情况来看，我国哲学社会科学在科学总结和提炼我国改革开放和现代化建设成就与经验方面还存在许多薄弱环节，尤其是深入研究和揭示当代中国马克思主义发展、中国改革发展的高水平学术成果还很不够，还没有形成一整套对内对外都具有很强说服力的理论体系和话语体系，尤其是还没有形成一整套对于广大青年学生具有很强影响力和吸引力的理论体系和话语体系。

（四）在“西方的笼子里跳舞”

从人类认识发展的历史来看，现代自然科学和社会科学体系都是在工业革命之后建立起来的，现代大学制度也是发端于欧洲国家。所以，无论是发展自然科学还是社会科学，都必须了解这些学科的学科体系和学术体系，都必须搞清楚学术发展前沿问题，都必须掌握学术规范和研究方法。但是这绝不能成为将中国学术研究捆绑在西方学术研究车轮上的理由，不能成为让中国学术在“西方的笼子里跳舞”的依据。

任何学术思想和话语体系都需要借助一些重要的概念、范畴和表述才能向世界传播，事实上哲学社会科学学术思想和话语体系就是建立在一系列重要的概念、范畴和表述基础之上的。西方学术思想体系和话语体系的一些重要概念、范畴和表述并不是都可以拿来就用的。学术话语体系既是一种学术研究范式，也是一种学术价值体系，仅仅看到前一方面而忽略后一方面是不行的。西方的学术话语体系产生于西方的学术研究范式和学术价值体系，它既有人类文明发展成果的要素，也有西方资本主义价值体系的要素。对于西方学术话语体系，必须进行科学的分析和批判的吸收，要认真研究哪些是人类文明成果的部分，哪些是西方资本主义价值体系的部分，如果不分良莠，一味追捧，囫囵吞枣，就会迷失方向，使自己陷入远离真理、无所适从的境地。巴西学者班代拉在谈到美国历史的时候这样说："必须始终记住的是，当语言的重复使概念趋于定型的同时，概念所试图反映的现实却处于变化、运动和持续蜕变之中。由于应该和必须关注与反映现实，任何概念都难以得到彻底巩固。因此，帝国主义的概念不能再基于罗马的经济和政治模式，也不能以19世纪末和20世纪初的英国、德国或法国的模式作为依托，尽管可能存在看上去相同的元素和形态。"① 我们不能仅仅看概念产生时期所具有的内涵，还要看这个概念在今天所代表的现实情况。

一段时间以来，在我国的学术研究中存在着这样一种倾向，那就是一些学者在运用概念、范畴和表述时，往往不愿意承认或者不愿意看到这些概念、范畴和表述背后的不同文化内涵和文化差异，总是赋予这些概念、范畴和表述普遍的价值和意义。特别是不适当地强化在境外SSCI检索期刊上发表研究论文的趋势，不仅使中国哲学社会科学的学术资源和研究信息严重流失，而且无形中也使西方学术研究中的概念、范畴和表述大行其道。许多从西方学术研究中提炼出来的重要概念、范畴和表述，在用于提炼中国观点、阐释中国理论、表达中国诉求方面存在明显的不足、根本的缺陷。我国哲学社会科学研究需要高度关注中国自身的理论创新和理论发展，中国特色哲学社会科学学科体系和理论体系建设的重要目标，就是要建立一套有理论深度、有说服力、易于传播的重要学术概念、范畴和表述，来解释中国实践、提炼中国经验、阐释中国道路。

三、西方话语体系与经济特权

西方话语体系是维护和巩固西方国家在世界各地享有经济特权的重要工具。在西方话语体系中对西方资本主义的历史解读有着不同于其他

① 班代拉. 美帝国的形成：从美西战争到伊拉克战争. 舒建平，译. 北京：中国人民大学出版社，2013：第二版序言.

民族的理解，那些在人类历史发展中充满了血腥的殖民掠夺和奴隶贸易却被冠以西方文明的传播和文明社会对蒙昧社会的开发的名号；那些被西方机器工业和工业制品倾销而摧毁的其他民族传统经济形态的历史则被冠以推进人类历史进步的幌子。世界近现代历史悲惨的一面被掩盖得十分严密和巧妙。

（一）被美化的资本主义体系的实质

不论西方话语体系中资本主义经济被如何巧妙地描写，它对世界各国的影响决不应该被忘记。一是资本主义经济的所有制基础是私有制，生产资料的资本主义私有制是其不能动摇的经济基石和社会信条。资本主义私有制表现为生产资料采取资本形式为资本家所有，并通过与雇佣劳动相结合成为占有剩余劳动的手段。这种生产资料一旦采用了资本的形式为资本家所占有，便已经不仅仅是物了，而是变为为资本家带来剩余价值的工具了。二是资本主义经济活动的主体是资本主义私营企业和资本家阶级。在资本主义国家中，最活跃、最主要的经济活动主体是私人资本主义企业。威尔纳·桑巴特这样写道："资本主义经营的企业是典型的私人企业，所以经济的积极性存在于追求个人利益的企业中。这些很少受外界控制的企业承担着失效的全部风险，但也享有成功的一切机会。它们的活动使经济机器保持在运转之中。"[①] 这里所说的积极性就是私人企业通过运用私有财产即资本，来追求剩余价值的积极性。三是资本主义将发达的市场机制和市场经济作为经济运行机制，市场机制和竞争机制是推动生产不断发展的重要力量。主张运用"看不见的手"的亚当·斯密在 1776 年发表的《国民财富的性质和原因的研究》中指出，如果政府听任竞争市场自由地发挥作用而不加干预，并且保护财产所有权，那么，一个高效率的、和谐的经济制度就会产生。政府的职责是举办私人企业无法进行或不愿进行的公共事业。他甚至指出，在这个基础

---

① 格鲁奇．比较经济制度．徐节文，王连生，刘泽曾，译．北京：中国社会科学出版社，1985：40-41．

上，国与国之间的经济交往也会具有一种自然秩序。只是到了20世纪30年代以后，由于资本主义经济危机的加深，资本主义国家中政府干预经济的程度开始不断加强。

通常人们将英国作为资本主义经济的“样板”来分析，不少历史学者对英国经济发展特别是英国工业革命给予了高度评价。但是我们仔细分析英国工业革命发展历史的话，就可以明显看到海外贸易和殖民地掠夺对于英国资本主义原始积累和资本主义工业革命的重要价值及影响。到了1860年前后，英国国家实力达到了鼎盛时期，其生铁产量占世界总量的53%，现代工业生产能力占世界总生产能力的40%～50%，悬挂英国国旗的商船占世界商船总数的1/3，伦敦成为世界贸易中心、金融中心、新闻中心等。与此同时，英国对包括印度在内的殖民地的掠夺一刻也没有停止过。

（二）殖民主义体系赋能资本主义体系

什么是殖民主义体系？在菲利普·安东尼·奥哈拉主编的《政治经济学百科全书》中说：“殖民主义是指欧洲列强为攫取经济、政治和军事利益而对海外领土的占领和统治。殖民主义时代开始于15世纪，当时发现了美洲新大陆和经好望角通向印度的航路。这段时间的海上强国，先是葡萄牙和西班牙，接着是荷兰、法国和英国，也成为主要的殖民强国。有两类殖民地：欧洲移民的殖民地（如加拿大和澳大利亚）和由欧洲列强统治的前资本主义社会（如印度）。英国通过战争战胜了它的竞争对手，在18世纪成为世界最大的殖民强国，统治了印度（1757年）、加拿大和北美的其他部分（1763年）以及澳大利亚（1788年）。”“在1876—1900年，8个主要资本主义强国的殖民地由4 650万平方公里和3亿1 400万人口上升到7 290万平方公里和5亿3 000万人口。”[①] 一些西方学者指出：“在地理大发现时期，正如在调味料和奢侈品贸易方

---

① 奥哈拉. 政治经济学百科全书. 郭庆旺，等译. 北京：中国人民大学出版社，2009：140.

面一样，奴隶贸易方面的目标和成就在于把在穆斯林手中早已兴旺起来的生意转移到西方的和基督教的航线上。”“贩运奴隶及随后的奴隶劳动不涉及良心问题，因为西北非的全部居民都被认为是摩尔人，基督徒有责任对其发动战争，而且当其被俘后将其变为奴隶是合法的。”① 残酷的奴隶贸易获得了“合法”和“良心”的外衣，一是来源于西方国家追求海外贸易的利益原则，二是来源于所谓宗教征服的理由②。

西班牙在进行奴隶贸易的娴熟程度上一点也不亚于葡萄牙人。它们首先奴役美洲原住民印第安人，1489 年出台的办法提出“拒绝接受加给它们规则的印第安人将被剥夺其自然权利并被合法地变为奴隶”，并推行“监护征赋制”，将印第安人纳入殖民地生产体系之中。其次通过“贩奴合同制”解决对劳动力的源源不断的需求，给予贩奴贸易特许权和特权被看作西班牙“重商主义”的重要特征。还需要特别提出的是，英国和法国的殖民者同样曾经参与了残酷的奴隶贸易，并不能因为它们在此后工业革命的发生发展中的特殊作用而掩盖其在奴隶贸易中扮演的“血腥”角色。据估计，仅在 1700—1850 年的 150 年间，就有 700 万非洲奴隶被运到巴西，在那里为欧洲殖民帝国生产工业原材料。米歇尔·博德说：“几百万的非洲人则遭到暴力和易货贸易的手段从其家园、国土掠走。几百万不付给工资的劳力为他们白白使用掉，一两年内就被弄得筋疲力尽，榨干吸光。我们绝不应忘记，这才是 16、17、18 世纪资产阶级发财致富的根本基础（尽管西方人的思想中基本上无视或抹掉了这点）。”③ 可见，发达资本主义国家的经济成就，就是以广大殖民地半殖民地国家和地区陷入更加贫困与落后境地为代价的。这就是资本主义

---

① 里奇，威尔逊．剑桥欧洲经济史：第 4 卷．张锦冬，钟和，晏波，译．北京：经济科学出版社，2003：278.

② 1454 年教皇尼古拉五世敕令，鼓励葡萄牙人在反对摩尔人时坚决前进，允许“对包括全部几内亚海岸、博哈多尔角和南恩（Non）以南的萨拉森人、异教徒和其他基督的敌人发动进攻，统治他们，并永远地奴役他们”。必须把奴隶转变为基督徒。这就可以使奴隶贸易的良心问题得到解决。（里奇，威尔逊．剑桥欧洲经济史：第 4 卷．张锦冬，钟和，晏波，译．北京：经济科学出版社，2003：278.）

③ 博德．资本主义史（1500—1980）．吴艾美，杨慧玫，译．北京：东方出版社，1986：45.

国家普遍的“身份特征”。

英国则是海外贸易和殖民地掠夺的典型国家。英国国内的“圈地运动”为英国资本主义发展准备了大批雇佣工人和国内市场；而海外贸易和殖民地掠夺则为其资本主义发展创造了国外市场和巨额货币财富，这些从海外掠夺的财富流回本国，转化为工业资本等资本形态。英国海外贸易的基本组织形式是特许公司，1553—1680 年，英国先后共组织了 49 个商业特许公司，如东方公司、非洲公司、东印度公司等。许多特许公司从海外贸易中大发横财，如“东印度公司在成立时仅有股金 63 000 英镑，到 1708 年其股金则增加到 3 163 000 英镑，比成立时增加了近 50 倍”①。此外，英国还曾被称为“海盗之国”，海盗活动得到英国政府的支持和鼓励。如臭名昭著的大海盗佛朗西斯・德雷克、亨利・摩根等都曾疯狂从事海盗活动，把大量掠夺来的财富运回英国，他们不仅没有受到惩罚，而且均被英王授予爵士称号。据估计，仅在伊丽莎白女王统治时期英国海盗掠夺的赃物价值就高达 1 200 万英镑。

英国殖民主义者把印度称为“英王王冠上最明亮的宝石”。1600 年成立的英属东印度公司是英国掠夺印度的重要工具，它以欺骗性的交易，廉价收购印度生产的产品，运回欧洲以谋取暴利。而到 1763 年后，东印度公司在印度取得了政治、经济、军事和司法等一系列属于国家主权的特权，成为印度的“国中之国”。据估计，1757—1815 年，英国从印度掠夺了近 10 亿英镑的财富。资本主义扩张必然导致国际分工格局的形成，马克思说：“一种由大工业中心强制推行的新的国际分工使地球的一部分转变为另一部分的农业生产地区，而这后一部分则成为地道的工业生产地区。”② 这种发达国家和不发达国家的经济分工对非资本主义国家是极为不利的。“如果在英国发明了一种机器”③，它便可能夺走“印度和中国的无数劳动者的饭碗，并引起这些国家的整个生存形式的

① 杨异同，等．世界主要资本主义国家工业化的条件、方法和特点．上海：上海人民出版社，1959：14．

② 马克思，恩格斯．马克思恩格斯全集：第 43 卷．2 版．北京：人民出版社，2016：474-475．

③ 马克思，恩格斯．马克思恩格斯文集：第 1 卷．北京：人民出版社，2009：541．

改变”[①]。英国“摧毁了印度社会的整个结构，而且至今还没有任何重新改建的迹象。印度人失掉了他们的旧世界而没有获得一个新世界，这就使他们现在所遭受的灾难具有一种特殊的悲惨色彩，使不列颠统治下的印度斯坦同它的一切古老传统，同它过去的全部历史断绝了联系”[②]。资本主义经济是扩张型经济，资本主义进程势必伴随着不断扩大的对外经济贸易关系而发展壮大。海外贸易和殖民掠夺是第二次世界大战之前资本主义国家普遍的政策，不断拓展的殖民地与对落后地区的贸易活动，为各资本主义国家输入了源源不断的带着血腥味的资金和原材料。

（三）二战后西方国家经济霸权

第二次世界大战后的国际经济秩序是在美国主导下形成的。1944 年 7 月，在美国的主导下，有 44 个国家或政府的代表聚集在美国新罕布什尔州的布雷顿森林，讨论战后构建国际贸易与金融体系的规则，确定了以美元为中心的现代国际货币体系，被称为布雷顿森林体系。布雷顿森林体系建立了世界银行和国际货币基金组织两大国际金融机构。关贸总协定作为布雷顿森林会议的补充，也是这一体系的组成部分，形成了战后以外汇自由化、资本自由化和贸易自由化为主要内容的多边贸易体系，这是战后资本主义世界体系的核心内容。有研究者称：“布雷顿森林体系实际上是一种调和，对于强势货币的国家，譬如美国，可以成功地限制其为其他国家的支付赤字提供资金的义务，而对于其他国家则可以保留使用汇率控制和平价交换的工具以最小化由于保持贸易收支平衡而可能导致的失业风险。由于按照凯恩斯计划来管控国际储备供应很不成功，因此出于流动性的考虑，布雷顿森林体系不得不依赖黄金和对外汇率。考虑到美国经济在战后世界无可争辩的重要性，主要的储备资产，除了黄金之外，不可避免地就是美国美元。”[③] 这一体系在美国主导

① 马克思，恩格斯．马克思恩格斯文集：第 1 卷．北京：人民出版社，2009：541.

② 马克思，恩格斯．马克思恩格斯选集：第 1 卷．3 版．北京：人民出版社，2012：850.

③ 恩格尔曼，高尔曼．剑桥美国经济史：第 3 卷：上册．蔡挺，张林，李雅菁，译．北京：中国人民大学出版社，2018：439.

下运行了 20 多年，美国是这一体系的最大受益者。后来由于美元危机和美国经济危机等因素，这一体系于 1971 年宣告结束。

接替布雷顿森林体系的是在国际货币基金组织的推动下，于 1976 年 1 月在牙买加首都金斯敦达成的“牙买加协议”，也被称为牙买加体系。牙买加体系吸收了布雷顿森林体系的不足和教训，推动世界经济体系采取多元化储备结构、多样化汇率安排和多渠道国际收支调节。“美元的不稳定性和以美元为基础的布雷顿森林体系的瓦解实质上反映了其他工业化国家在第二次世界大战之后，不断地缩短与美国的生产力差距的不可避免的倾向。随着美国工业优势地位的下降，美元在国际货币中的作用和地位也不可避免地下滑。”[①] 但是牙买加体系仍然是以美国为主要利益方的国际经济制度安排。经济霸权是以美国为首的西方国家话语体系强势推行的经济基础。

同样在美国的主导下，1995 年 1 月接替关贸总协定职能而成立的更具全球性的世界贸易组织，在促进世界贸易发展中发挥了重要作用，成为全球贸易体制的组织基础和法律基础，是众多贸易协定的管理者、各成员方贸易立法的监督者以及解决贸易争端和进行谈判的场所。由于世界贸易组织的特殊重要性，截止到 2020 年 5 月，该组织拥有 164 个成员和 24 个观察员。

而令人不解的是，第二次世界大战之后的国际经济秩序几乎都是在美国主导下设立的，但是如今却引起美国的许多不满。美国将其国内日益激化的各种矛盾都采取了简单的“外归因法”，也就是指责他国引发了美国的国内问题。面对冷战后逐步调整并形成的世界经济体系和世界贸易体系，美国就不满意了，它指责在国际产业转移过程中出现的若干劳动密集型产业和资本密集型产业向发展中国家转移的倾向，认为这一转移剥夺了美国的就业、侵占了美国的市场。早在 2011 年美国就启动了“先进制造伙伴计划”，就是在加快抢占 21 世纪先进制造业制高点，

---

① 恩格尔曼，高尔曼．剑桥美国经济史：第 3 卷：上册．蔡挺，张林，李雅菁，译．北京：中国人民大学出版社，2018：444.

政府在税收、外贸、投资等政策方面向制造业倾斜。美国的这种“再工业化”战略取得了一些成果，实体经济显现振兴迹象。100 多年来制造业一直是美国经济的支柱，第二次世界大战后美国制造业经历了绝对强大—渐次转移—巩固优势的过程，制造业今天仍是美国创造财富、提供就业机会、促进创新的重要生产部门。但是，发达资本主义经济体从 20 世纪 80 年代以来更倾向于发展虚拟经济来攫取更大的经济利益，金融垄断越来越成为其统治世界的重要渠道和手段，其后果就是不少重要制造业趋于“空心化”。这本身就是西方发达资本主义发展的规律，工业垄断资本的优势地位逐渐被金融垄断资本所取代。

在特朗普担任总统期间，为了显示美国对当今世界秩序的政治不满，“退群”成了美国的蛮横行为。2017 年退出跨太平洋伙伴关系协定（TPP）、《巴黎协定》、联合国教科文组织和《全球性难民和移民协议》，2018 年退出伊朗核问题全面协议、联合国人权理事会，2019 年退出《苏联和美国消除两国中程和中短程导弹条约》，2020 年正式宣布退出世界卫生组织。说穿了，美国就是要制造更大的压力以获取更大的利益。

四、西方话语体系与政治霸权

以美国为首的西方国家话语体系的主导地位与西方国家在国际舞台上长期形成的政治霸权有着紧密的关系，如同一枚硬币的两面。

（一）战后以美国为首的西方政治霸权的形成

美国是当今世界实力最强的超级大国，长期在世界政治生活中和国际政治舞台上颐指气使，鲜有能够向其提出挑战的国家和国家集团，这就使得美国更加自以为是、自我膨胀，在世界各地干涉他国内政、颠覆他国政权、挑起国家间战争。

毋庸讳言，美国之所以如此肆无忌惮，是因为其综合国力早在 20 世纪之初就已经是世界第一了，而且它保持这个第一的位置已经超过

120 年了。尤其是 20 世纪发生的两次世界大战，都成为美国快速发展的历史机遇。美国在第二次世界大战和战后的世界格局中的获益就更为突出了，这是美国建立绝对的世界霸权的关键时期。美国不仅是第二次世界大战成果的最大获益者，也是当今世界经济体系的最大获益者。美国不仅利用参与战争而成为二战中以英、法、苏和中国为主的同盟国的领导者，空前广泛地参与到与以德、日、意为主的轴心国的战争之中，其政治影响力大大提升；而且通过在战争中出售军火等战略物资，使美国大量企业从中获得了巨额利润，一批垄断型企业一跃成为世界级大型企业。有关资料显示，1939—1944 年美国工业生产提高 1.2 倍，钢、煤、原油产量大幅提高。1945 年，美国工业产量占整个资本主义世界工业产量的 60％，占对外贸易的 32.5％；其黄金储备达 200 多亿美元，占资本主义世界黄金储备的 3/4。

建立了政治霸权的美国在二战之后也开始了独占中国的历程。1946 年 11 月中美签订《中美友好通商航海条约》，主要条款包括：一是美国国民享有在中国领土全境内居住、旅行及经商的自由，包括商务、制造、加工、职业、科学、教育、宗教、慈善事业，有取得、保有、建造或租赁及占有适当之房屋、土地，选用代理人或员工的权利。二是美国国民在中国享有与中国国民同等的创设或组织有限责任或无限责任、营利或非营利之法人、公司、合伙及其他团体的权利，允许美国国民加入中国国民所成立的法人、团体或公司，以从事商务、开矿、制造、加工、金融、科学、教育、宗教和慈善事业，中国政府不得向其课以高于本国或第三国公民担负的税收。三是在中国的美国国民及其法人、团体、公司，其身体及财产，应享受最经常之保护及安全，并有向中国法院及行政机关陈诉的自由。四是美国商品输入或输出中国，享有中国商品或第三国商品所纳进出口关税或内地税的同等待遇。中国政府“现在或将来”给予第三国公民、法人、团体和公司以新的权利时，美国国民、法人、团体和公司也可同等享受。五是美国国民可在中国领土全境内从事文学艺术活动，并享有关于版权、专利权、商标商号及其他文学艺术作品及工业品所有权之任何性质之一切权利及优例。六是美国船舶（必要时包括军舰及渔船）可自由出入中国任何口岸、地方或领水内（必要时包括任何不开放的口岸、地方或领水），从事转口贸易，中国政府不得征收高于本国或第三国的船舶吨税和港口税。这种表面上看似对等和双方各自在对方所享受的一切权利，实际上只有美国在中国能够享受，而中国在美国却无法享受。只是由于中国共产党领导中国人民建立了中华人民共和国，彻底废除了与帝国主义签订的一切不平等条约，才使中国避免了沦为美国等西方国家“附庸”的命运。1949 年 3 月，毛泽东在党的七届二中全会上指出：“不承认国民党时代的任何外国外交机关和外交人员的合法地位，不承认国民党时代的一切卖国条约的继续存在，取消一切帝国主义在中国开办的宣传机关，立即统制对外贸易，改革海关制度，这些都是我们进入大城市的时候所必须首先采取的步骤。在做了这些以后，中国人民就在帝国主义面前站立起来了。”①

战争中形成的政治霸权也使美国在战后成为资本主义国家的“领头羊”，并赢得了数十年的快速发展。2018 年美国人均 GDP 为 62 887 美元，我国人均 GDP 为 9 771 美元；同年美国单位劳动产出（全员劳动生产率）为 126 979 美元（PPP 美元），我国为 32 848 美元（PPP 美元）；2017 年美国的对外贸易依存度大约不到 29%，我国则为 40%左右；2019 年底美元在全球贸易中的使用占比达 44.22%，人民币使用占比仅为 1.94%；2017 年美国研发经费高达 5 432.49 亿美元，是我国研发经费的两倍之多②。正像葡萄牙政治学者安东尼奥·拉腊所说，美国“是一个胜利的模式，或者更确切地说，是一个成功模式的硬核，即一个处于其他各种经济、政治和社会模式之上的已成为霸权的绝对权威”③。也正是由于美国的政治霸权，引发了世界范围的反美主义思潮。诚如托马斯·巴尼特所说：“如果一个国家不能参与全球化过程，它可能会对世

---

① 毛泽东. 毛泽东选集：第 4 卷. 2 版. 北京：人民出版社，1991：1434.

② 贺耀敏，甄峰. 数字解读中国：中国的发展坐标与发展成就. 北京：中国人民大学出版社，2021.

③ 班代拉. 美帝国的形成：从美西战争到伊拉克战争. 舒建平，译. 北京：中国人民大学出版社，2013：第二版序言.

界体系和美国的利益造成威胁：‘如果一个国家输给了全球化，或者拒绝接受全球化的发展所带来的东西，最终很有可能导致美国向它出兵。’”①

（二）反美主义及其原因

美国学者曾经分析了全球反美主义的政治因素，认为反美主义源自“关注实力不均衡、对全球化的强烈反对，以及冲突性认同”。在他们看来，第一种情形是反美主义批评集中强调“美国的实力运用缺乏技巧且毫无节制”。“自冷战结束到目前为止，美国一直是国际体系中最强大的国家，没有任何真正的对手。”“美国的政治霸权也使得美国成为世界反抗的焦点。”第二种情形是反美主义对全球化的强烈反抗，“资本主义的扩张——通常被贴上了全球化的标签——导致了约瑟夫·熊彼特谓之的‘创造性毁灭’。那些被全球化负面地影响的人们可能会抵制这种变革”。美国倡导的全球化可以被看作卡尔·波兰所描述的“一种文明正在受到没有灵魂的制度的盲目行为干扰，而这种行为的唯一目的就是物质财富的机械增长”。对于一些经济发展波动较大的国家和地区，美国坚持“资本的大量涌入和面向世界开放市场就会与反美主义相联系”。第三种情形是反美主义对美国文化的不认同，坚持与“美国文化——从基督教文化到性行为商业化——所生成和输出的价值相对立”，认为是属于希拉·本哈比博所说的“世俗大众文化产品是竞争性的价值之间国际冲突的一个根源”②。

我们不必去深究全球反美主义思潮产生的复杂原因，但是在世界各地寻求政治霸权则毫无疑问是美国遭到普遍反对的基本原因。

（三）反对政治霸权的精彩一幕

这里不妨引述一段在香港回归谈判中，邓小平与英国首相撒切尔

---

① 凯利. 强势时代：应对来自不确定世界的挑战. 王哲，译. 北京：中国人民大学出版社，2009：44.

② 卡赞斯坦，基欧汉. 谁在反对美国. 朱世龙，刘利琼，译. 北京：中国人民大学出版社，2015：271，272.

夫人的较量。在香港回归问题上，中国的态度一直是十分明确的，那就是在“一国两制”和“收回香港、设立特别行政区”这个框架中实现。而英国始终不愿意顺利交接香港，总是在不断地制造麻烦，联络一些西方国家向中国施压。1982 年 9 月，号称“铁娘子”的撒切尔夫人带着刚刚以战争手段从阿根廷手中夺走马尔维纳斯群岛（英国称之为“福克兰群岛”）的亢奋来到中国商谈香港回归问题，在她心目中就是要逼迫中国让步，以主权换治权，即名义上把香港主权归还给中国而实际上还由英国继续管治①。9 月 24 日，邓小平与撒切尔夫人会见，全面阐述了中国对香港问题的基本立场。撒切尔夫人以威胁的口气说：“要保持香港的繁荣，就必须由英国来管治。如果中国宣布收回香港，就会给香港带来灾难性的影响和后果。”邓小平回答，主权问题不是一个可以讨论的问题。不迟于一两年时间，中国就要正式宣布收回香港这个决策。对于撒切尔夫人说中国收回香港就会使香港发生波动，邓小平更是坚定地回应她，如果在 15 年的过渡时期内香港发生严重的波动，中国政府就将不得不对收回香港的时间和方式另作考虑。后来撒切尔夫人回忆说，她还向邓小平提出让英国继续租借新界，邓小平立即回应说“不可以”，而且正告她：中国可以在当天下午就收回香港。这令她感到遗憾②。

对于西方一些国家的政治霸权和政治霸凌，最好的办法就是针锋相对地斗争！回顾一下中华人民共和国成立 70 多年来的历史发展，可以看到中国的发展很少得到西方世界的认同和祝福。近些年来，“中国威胁论”“中国崩溃论”在西方政界、商界和舆论界轮回上演、甚嚣尘上，似乎中国发展了就一定会威胁到世界上其他国家的发展，中国发展了就一定会导致其他国家的全面崩溃，总之就是中国的发展不符合世界其他

---

① 曾任撒切尔夫人内阁外交大臣的杰弗里·豪在后来的回忆录中，提到了撒切尔夫人当时的强硬态度：“她对于主权的想法，不可避免地受到与福克兰群岛相类似的事件的影响……她想迫使中国方面同意由英国在 1997 年后继续管理整个香港……她认为她所能做的最大让步是给予中国以名义上的主权。”欧阳淞，高永中．改革开放口述史．北京：中国人民大学出版社，2014：240.

② 欧阳淞，高永中．改革开放口述史．北京：中国人民大学出版社，2014：241-242.

国家的“国家利益”。这种论调根本不值得一驳，今天中国的发展已经成为世界经济回暖和发展的重要引擎，没有中国的发展，世界经济恐怕还要继续萧条一段时间。

五、西方话语体系与军事强权

以美国为首的西方国家在国际话语体系的主导地位与西方国家特别是美国在世界范围内的军事强权紧密联系在一起。

（一）“软实力”背后的“硬实力”

早在10多年前，当时的全球商业网络公司首席执行官埃蒙·凯利就谈道：“在未来十年，随着全球新秩序的逐渐形成，实力的积累和运用更加富有战略意义。美国必须面对并解决自己在全球的军事优势所带来的挑战，它也将继续努力处理‘硬’实力和‘软’实力之间的微妙关系，这两个实力都可以用来实现外交政策的复杂目标。在美国的压力下，许多国家也不得不重新审视自己的军事政策和国防开支；在全球范围内，所有国家都必须十分清楚地区分‘反恐战争’的比喻意义和实际意义。”① 美国在全球保持明显军事优势的野心和拉拢更多西方国家组成新军事联盟的企图，十分明显和露骨。

美国的军事强权源自美国的军事优势。在许多美国人看来，保持绝对的军事优势似乎是理所当然的。这种军事优势有这样几个方面：一是美国在火力、设备、军需品和人员方面所具有的绝对军事规模；二是美国的军事部署可以到达远离国土的地方；三是美国军事科技水平领先于世界其他国家；四是美国拥有强大的情报部门。“这四种力量结合在一起给美国以无可匹敌的全球布兵的能力。”②

① 凯利．强势时代：应对来自不确定世界的挑战．王哲，译．北京：中国人民大学出版社，2009：42.

② 同①47.

就连美国的政治学者都为美国在国际事务中擅自动用武力或以武力相威胁感到十分尴尬。加布里埃尔·A. 阿尔蒙德等编著的《当今比较政治学：世界视角（第 9 版）》中也谈到了美国发动伊拉克战争的荒诞行径："在外交政策方面，美国作为世界上最强大的国家和支持民主政府力量的领头羊而享有的不受挑战的地位肯定会在 21 世纪初仅需存在。但是，国家的这种高傲自信是没有必要的，因为这样一种地位在国际事务中具有诸多危险。或许最大的问题在于，美国是应该主要或单独通过联合国的机构和程序实施自己的外交政策，还是完成美国总统所认为的当务之急，即使联合国投票表示反对。""小布什政府在没有获得联合国决议明确授权的情况下入侵伊拉克并废除它的独裁统治者萨达姆，大多数国家的民意调查结果表示强烈抗议。""这场战争非常迅速，巴格达在数周之内沦陷。然而，实现和平被证明比赢得战争要困难得多，因为如下情形已经十分明显：美国调拨的兵力太少，而且，就希望自己像救星一样受欢迎而言，美国表现得过于乐观。美军与那些反对美国在伊拉克出现的暴动者之间的持续不断的冲突加剧，截至 2008 年 12 月，4 200 多名美国士兵死亡。""最具破坏作用的是，在伊拉克没有发现大规模杀伤性武器。"① 对于美国的军事强权来说，侵略他国何曾需要一个借口。

巴西学者班代拉深刻指出："当今的帝国主义已形成新的超帝国主义特点。它意味着实力政策，而美国是唯一能够实施这一政策的国家。美国通过在全世界不同地区保持军事基地，以达到保障能源和原材料供应及其大公司投资和占领市场的战略目的。它利用媒体、情报机构的隐蔽行动、院外行动、腐败行为，并通过在其中持有多数表决权的世界银行和国际货币基金等国际机构直接或间接施加的经济压力，推进其在世界各地的利益。"对于美国来说，"没有持久的战争状态，其经济就会停止运作，和平有悖于美国的利益"②。

---

① 阿尔蒙德，鲍威尔，多尔顿，等. 当今比较政治学：世界视角：第 9 版. 顾肃，吕建高，向青山，译. 北京：中国人民大学出版社，2014：731，732.

② 班代拉. 美帝国的形成：从美西战争到伊拉克战争. 舒建平，译. 北京：中国人民大学出版社，2013：第二版序言.

（二）诉诸武力和军事霸权的困境

迷信武力威胁和追求军事霸权的人们总是以为实力可以解决一切。第二次世界大战以来，以美国为首的西方国家发起的武装冲突和局部战争几乎就没有停止过，如朝鲜战争、越南战争、伊拉克战争、阿富汗战争等，但是战争的结果并不是都如以美国为首的西方国家所愿，这些战争几乎都使战争的发起者深陷泥潭之中难以脱身。诉诸武力和军事霸权已经陷入严重的困境，21 世纪的世界发展需要树立新的和平发展思路和全球治理思路。

习近平同志指出，未来“世界多极化、经济全球化在曲折中前行，地缘政治热点此起彼伏，恐怖主义、武装冲突的阴霾挥之不去。单边主义、保护主义愈演愈烈，多边主义和多边贸易体制受到严重冲击。要合作还是要对立，要开放还是要封闭，要互利共赢还是要以邻为壑，国际社会再次来到何去何从的十字路口。全球治理体系的走向，关乎各国特别是新兴市场国家和发展中国家发展空间，关乎全世界繁荣稳定”①。在谈到全球经济治理时，习近平同志还明确指出：“两次世界大战的惨痛教训让各国人民痛定思痛，建立了以联合国为主体，包括国际货币基金组织、世界银行、世界贸易组织等机制的全球治理框架。虽然这个框架并不完美，却是人类社会迈出的重要一步，为过去几十年世界和平与发展发挥了重要作用。以规则为基础加强全球治理是实现稳定发展的必要前提。”“历史告诉我们，如果走上对抗的道路，无论是冷战、热战还是贸易战，都不会有真正的赢家。国与国只要平等相待、互谅互让，就没有通过协商解决不了的问题。”②

---

① 习近平．习近平谈治国理政：第 3 卷．北京：外文出版社，2020：445.

② 同①459.

The Construction of Chinese Discourse System

The Construction of Chinese Discourse System

第五章

中国的国际参与与话语权

5 中国的国际参与与话语权

当今世界发展需要中国的参与，当代世界话语体系需要中国参与构建。以美国为首的少数西方国家极力想把中国排除在国际事务和国际话语体系之外，这些努力都是徒劳的。世界发展的历史脚步已经进入21世纪，中国已经深深地融入经济全球化进程和国际经济政治格局之中，中国在国际话语体系中的作用也在同步提升，世界发展和国际事务也越来越多地需要中国参与和充分参考中国方案才能更好地解决。

对于改革开放几十年来中国发展道路与世界发展道路的积极互动和中国话语体系与国际话语体系的相互交融，许多海内外学者都进行了多方面的研究和较广泛的思考，提出了许多有价值和有启发的观点，从这些研究观点中我们可以得到许多启示。第一，中国的成长和成功得益于世界经济的发展和调整，外部因素是中国快速发展的最重要原因之一，中国很好地借鉴和学习了当今世界发展的优秀成果，并用自己的发展成就回馈并促进了世界经济的发展。中国的国家话语体系也因中国的发展而成为当今世界国际话语体系的重要组成部分。第二，新的全球治理需要有中国等新兴国家的参与才能形成，排斥新兴国家的参与或者新兴国家拒绝参与，都不会促进新的全球治理格局的形成。作为全球治理的积极参与者和最大的发展中国家，中国对于全球治理体系构建具有重要作用和价值。第三，中国未来的发展仍然需要更大程度、更大规模地参与到全球化进程之中，在全球化条件下，中国的城市化进程和结构调整，不仅为中国发展提供了历史机遇，而且也为世界发展提供了空前机遇。作为全球经济发展的重要引擎，中国价值的普遍意义就在于它是人类共同价值的重要来源。第四，中国发展道路是非西方发达资本主义国家的另一种典型发展道路，即中国特色社会主义发展道路，它是社会主义市场经济的道路，是将制度优越性和体制优越性很好结合的重大创新，对于广大发展中国家来说具有重要的借鉴和参考意义。

正因如此，我们必须加大提炼中国发展进步和中国发展道路对于世界的普遍价值，丰富人类“共同价值”。

一、西方话语体系面临严峻挑战

以美国为首的西方资本主义国家正是因为在世界上建立了资本主义经济霸权，所以才获得了在话语体系上的霸权。

（一）英美霸权及其话语体系挑战

一般来说，所谓霸权就是一个或多个国家在国际事务的对抗关系中保持持久的优势，并能够在经济、政治、外交和文化领域施加自己的统治和意愿。西方国际政治经济学中流行的霸权稳定理论认为，如果一个霸权国家具有以下两种特征，最有可能促成一个相对开放和稳定的国际经济体系。这两个特征是：它所拥有的资源份额大得足以保证领导权，它愿意为创造和保持一个自由的经济秩序采取必要的政策。一些西方学者认为，一个发挥领导权的霸权国采取的方法，从“善意”到“剥削”或“压迫”都有可能，当缺少全球性霸权国或霸权国力量衰弱时，就很难保持经济的开放性和稳定性。世界近现代史显示，至少出现过两次霸权状况，即英国控制下的 19 世纪和美国控制下的第二次世界大战后期。第一次霸权是由于工业革命和工业化发展，英国在 19 世纪 20 年代就已经成为全球政治经济霸权国，这个时期也正是英国开始实施低关税政策并获得全球贸易巨大收益时期。英国的这种世界霸权从 19 世纪 80 年代以后开始衰落，它未能抵制住保护主义的增长势头。第二次霸权是第二次世界大战以后，随着美国开始在世界范围称霸并承担霸权国责任的时候形成的，它的霸权推动了世界经济的新开放和国际交易迅速增加。但是到了 20 世纪 60 年代末 70 年代初，随着美国经济波动和美元地位不稳，其在世界范围的霸权也开始衰落，这导致了日益增多的不稳定性和贸易保护主义[①]。

---

① 奥哈拉. 政治经济学百科全书. 郭庆旺，等译. 北京：中国人民大学出版社，2009：535-536.

正是变化了的世界格局，使西方话语体系对于当今世界发展变化的解释显得十分蹩脚。许多一度显得时尚且活跃的理论解释和话语体系，在快速发展与深刻变化的现实面前可谓捉襟见肘，难以应付。

最近美国知名记者和专栏作家托马斯·弗里德曼为《纽约时报》撰写的题为《中国不再尊重美国，他们有理由这样做》的文章引起了一场辩论。弗里德曼在文章中写道：中国领导者专注于真实的成功指标，他们非常注重业绩——尤其是就业、住房和空气质量等方面。相比之下，美国政客的“执政已经成为体育竞技、娱乐或仅仅是无脑的部落战争。难怪中国领导人视我们为一个衰落的帝国”。这篇文章引起了美国网友的留言评论，排在最前列的留言写道：“为什么中国要尊重美国？当一半美国人认为科学是一种阴谋论时，这充分表明美国公民已不是最好的人民。美国不需要担心中国，它需要担心自己，并且永远不要想到或说出‘我们是第一’这句空洞的口号。”紧跟其后的留言写道：“为什么他们（要尊重美国）？当中国在规划下一个五年计划时，我们正忙于两党斗争，一项 1.9 万亿美元的新冠病毒拯救法案在国会滞留数月后两党仍未达成共识；当中国只花一周时间建造两所收治新冠肺炎患者的医院时，美国人仍在讨论口罩和漂白剂注射是否有效；当中国通过把最优秀的学生送到美国来大力投资技术和基础设施时，共和党人标榜市场经济决定一切，并拒绝采取任何行动；当中国签署世界上最大的经贸协定《区域全面经济伙伴关系协定》（RCEP）和中欧投资协定时，美国退出了可能会孤立中国的 TPP。毫无疑问，21 世纪是中国人的世纪。”①

我们暂且不去评价这篇文章和文章引发的留言的对与错，但是可以从中看到的是，在席卷全球的新冠肺炎疫情的防治过程中，中美两国政府和两国人民的确表现出了巨大的政策和行为反差。是什么导致了这么巨大的反差？这倒是值得人们深思。

---

①《纽约时报》上的这篇文章掀起了一场围绕中国的大辩论，我们看到了什么?. 上观新闻，2021-04-03.

其实对于以美国为首的西方国家多年来构建和宣扬的话语体系的质疑，早就出现了。那一套话语体系不仅受到了来自它们国家内部的广泛质疑，也受到了来自国际社会的广泛质疑。那一套话语体系与已经发展了的世界格局和国际需求存在着太大的差距，构建新型的反映世界发展变化和世界各国人民诉求的国际话语体系，在新冠肺炎疫情的冲击下显得更为迫切。

（二）被质疑的西方话语和话语体系

以美国为首的西方话语和话语体系受到质疑是当今国际话语体系面临的新问题。这里我们试从西方话语体系中若干关键性话语的国际影响减弱的事实，来看一看西方话语面临的挑战和我国话语体系建设的重要性。

“完全自由竞争市场”是西方国家和一些新自由主义经济学学者对自身经济发展特点与规律的认识，尽管这种认识本身还存在着很多争论，并不是对西方国家经济发展的准确概括和理论抽象，但奇怪的是，一些西方国家却将在本国还尚有争论的一套理论假设用来指导发展中国家的经济发展实践，要求发展中国家按照这一理论假设指导和规范自身的经济发展，实行完全自由竞争的经济，反对国家和政府对经济的干预，按照私有制是最有利于发挥市场作用的所有制形式来构建其所有制结构，否则就会被冠以国家集权、政府垄断、腐败严重等罪名。一套理论假设成了经常向发展中国家抡起的“大棒”，成为要求发展中国家必须对标西方国家经济体制并按照西方模式寻求发展的理论依据。事实上，这一思想主张在一些西方国家的经济学家和政策制定者中很有市场，也成为他们解释西方国家某一特定时期经济增长的基本理论。但是，新自由主义者也无法解答“波兰尼悖论”。卡尔·波兰尼（Karl Polanyi）被认为是20世纪最著名的经济史学家，1944年他出版了关于工业革命的经典著作《大转型：我们时代的政治与经济起源》。他在这部著作中提出：“我们的论点是，自我调节市场的信条意味着一种荒蛮的乌托邦。如果不以损害人类社会以及自然的本质为前提，这样一种制度一刻也不可能存在；它会毁灭人们的身体健康，并把人类的环境变成荒野。社会必须采取措施保护自己，但是不管采取何种措施，又都会损害这种自我调节的市场，使工业生产发生紊乱，从而从另一个方面危及社会。正是这种困境，迫使市场体制的发展进入死胡同（definite groove），并最终破坏了它的社会组织基础。”① 这就是著名的“波兰尼悖论”，也就是说：如何在让市场有效运行的同时，又不损害人类和社会的本性？

资本主义生产方式的根本性矛盾对国际经济体系的影响是巨大的，而在其内在矛盾激化并向世界范围转移的过程中，所造成的破坏也是巨大的。我们回顾一下 1997 年亚洲金融危机和 2008 年世界金融危机是如何发生的，这两场分别给绝大多数亚洲国家和几乎世界所有国家造成了巨大经济破坏的金融危机都是源于资本主义体系的危机。谁还能据此说完全竞争的市场可以让人“高枕无忧”“安全无虞”？资本主义体系迄今也没有很好地解决这个问题。

第二次世界大战后，西方学术话语对西方国家认知世界和制定针对发展中国家的政策产生了很大的影响，可以说建立了一套符合西方国家价值理念和整体利益的话语体系，成为维护和扩大战后以美国为首的西方国家政治经济需要的重要途径。在建立国际话语体系主导权和优势的过程中，西方学术界、思想界和舆论机构发挥了不可替代的作用。这里举几个事例，以供读者思考。

例如，1994 年赫尔曼（Gerald B. Helman）和拉特纳（Steven R. Ratner）发表了《拯救失败国家》一文，提出“失败国家”之说，他们认为那些“自身已经没有能力作为国际共同体成员”的国家是“失败国家”，这些失败国家自身无法拯救自己，只有依靠外部力量才能去拯救，这就为一些西方国家干涉发展中国家内政提供了所谓“正义”的学理基础。这又被后来诺姆·乔姆斯基（Noam Chomsky）的《失败的国家》进一步强化。那就是说只要被认为是“失败国家”，那它的政府就

---

① 罗宾斯．资本主义文化与全球问题．姚伟，译．北京：中国人民大学出版社，2013：196.

可以毫无顾忌地被颠覆和推翻。这种思想主张后来又发展为美国 2002 年初提出的所谓“邪恶轴心国”指认，把一些主要对抗美国等西方国家的国家和政权，扣上“邪恶轴心国”的帽子，对这些国家和政权进行打压制裁、孤立封锁，仿佛世界公理天然地掌握在它们手中一样。这种充满价值贬损、政治敌视和武力威胁的西方政治话语，怎么可能促进世界和平发展？怎么可能协调世界各国发展进程中的冲突与矛盾？强权政治和孤立政策从来没有真正奏效过。

又如，按照世界银行的标准，如果人均收入在 1 006 美元到 3 975 美元之间，则属于中等偏下收入国家；如果人均收入在 3 976 美元到 12 275 美元之间，则属于中等偏上收入国家。“中等收入陷阱”的分析描述源自对拉丁美洲若干国家的观察，即一些拉丁美洲国家长期处于中等偏上收入，无法迈入高收入经济体行列。据此，世界银行在《东亚经济发展报告（2006）》中首次提出“中等收入陷阱”概念，大概描述了这样一种情形：这些国家社会发展表现良好，婴儿死亡率降低，成人识字率、平均寿命等明显提高；这些国家人力和物质资本、技术水平和制度复杂性较低；这些国家发展中积累的问题集中，如贫富分化加剧、产业升级艰难、城市化进程受阻、社会矛盾凸显等①。但问题是发生于拉丁美洲一些国家的情形是否也一定会发生在世界其他地区的发展中国家？这种问题又以怎样的面貌在其他发展中国家出现？对于这些问题经济学界并没有取得学术的共识和确切的结论，但是这却成了一些西方国家系统性地指责发展中国家的措辞，“中等收入陷阱”假设就像是对发展中国家争取经济快速发展所施的“魔咒”，对发展中国家争取正常经济发展的内部动力和动机造成严重冲击。

再如，米尔斯海默（John J. Mearsheimer）提出“进攻性现实主义”强化国家发展不平衡中的冲突和这种冲突的不可调和性，把大国之间的关系描述为均具有强烈“进攻性”的国家关系，尤其是后发国家的崛起是对现有世界秩序的最大挑战，无疑加剧了发达国家与发展中国家之间

① 林毅夫，付才辉．解读世界经济发展．北京：高等教育出版社，2020：221．

发展不平衡的冲突。他认为国际关系体系一直处于一种无政府主义的状态，国际社会中国家间关系存在着激烈的竞争；大国间关系更是一种以进攻思维和行动指导的关系，存在着争夺权力、追求霸权的动机；各个大国拥有充足的摧毁对手的军事资源和军事实力，这就导致大国间的关系存在着潜在的危险；大国间存在着强烈的不信任感，由于意图会随时而变，因而无法把握其他国家的意图；等等。看不到或者有意忽视不同国家间的共同利益和共同追求，其出发点就是要维护和捍卫西方发达国家的根本利益和发展空间。

需要高度关注的是一些享誉世界的西方学者的研究成果同样也摆脱不了其根基于西方文化传统的价值体系的影响，他们的学术观点也必然带有明显的西方理论思维和价值体系偏见。例如大家熟知的著名学者塞缪尔·亨廷顿关于文明冲突的理论。作为一位研究文明发展的深刻思想者，他认为在冷战结束之后“人民之间最重要的区别不是意识形态的、政治的或经济的，而是文化的区别”。“人们用祖先、宗教、语言、历史、价值观、习俗和体制来界定自己。他们认同于部落、种族集团、宗教社团、民族，以及在最广泛的层面上认同于文化。”“对国家最重要的分类不再是冷战中的三个集团，而是世界上的七八个主要文明。非西方社会，特别是东亚社会，正在发展自己的经济财富，创造提高军事力量和政治影响力的基础。随着权力和自信心的增长，非西方社会越来越伸张自己的文化价值，并拒绝那些由西方‘强加’给它们的文化价值。”因而，他指出“在这个新的世界里，最普遍的、重要的和危险的冲突不是社会阶级之间、富人和穷人之间，或其他以经济来划分的集团之间的冲突，而是属于不同文化实体的人民之间的冲突”。他的研究结论就是世界“权力正在从长期以来占支配地位的西方向非西方的各文明转移。全球政治已变成多极的和多文明的”。因而“冷战后时代的世界是一个包含了七个或八个主要文明的世界。文化的共性和差异影响了国家的利益、对抗和联合。世界上最重要的国家绝大多数来自不同的文明。最可能逐步升级为更大规模的战争的地区冲突是那些来自不同文明的集团和国家之间的冲突"[①]。亨廷顿对于世界格局变化的分析是十分深刻的，他揭示了世界发展变化的必然趋势，但是把文明冲突提升到这么严峻的地步则是由其自身的文明观和价值观所决定的。中国文化中的文明观和价值观主张"和而不同"，其意义则更为深远。

此外，如著名学者费正清关于中国历史解读的学术著作同样具有"西方中心论"的思想"烙印"，他在研究论述中强化了西方学者关于中国近现代史是"刺激-反映"历史模式的认知，忽视了中国自身在近代化和现代化发展中的自主意识与选择。

以美国为首的西方国家总是将自己本国或者自我认知中的问题与话语，想方设法地转化和提升为国际组织的议题与话语，进而极力推动转化为国际议题，并在讨论这些国际议题过程中兜售它们自己的"私货"。这样的事例已经不胜枚举，包括发展模式、增长模式、气候问题、人权问题等，无论它们怎么变换花样，借机控制国际话语权和国际舆论导向进而达到自己的目的是不变的。例如，美国政客布热津斯基（Zbigniew Brzezinski）强调"大西方"和"复杂的东方"的观点，这代表了美国一些政客的基本判断和价值观。他所谓的"大西方"，实际上是把整个欧洲和土耳其都纳入欧盟的大框架之中，形成美国在欧洲的战略设想，遏制俄国等在欧洲的影响力；所谓"复杂的东方"，就是强调美国要作为整个亚洲的利益平衡者，遏制中国的快速崛起。这些年在美国的政坛上，重返亚洲的呼声越来越高，明眼人都知道他们针对的是谁。

二、发展中国家被挤压的事实

在世界资本主义体系中，发展中国家的地位和作用是被严重压制、

---

① 亨廷顿. 文明的冲突与世界秩序的重建：修订版. 周琪，等译. 北京：新华出版社，2010：5-7.

压抑和低估的，发展中国家的话语更是不可能上升为国际话语体系的必要组成部分。没有广大发展中国家的原材料供应和廉价劳动力供给，资本主义世界经济体系也无法维持。但是，第二次世界大战后的几十年间，广大发展中国家却并没有从世界资本主义经济体系中得到应该获得的经济利益和发展机会，发展中国家有关寻求本国经济发展和建立更加公正合理的国际经济政治秩序的呼声至今仍被严重忽视，发展中国家仍然处于相对落后贫困和无处发声的境地。

（一）二战后发展中国家曲折的发展道路

对于第二次世界大战之后发展中国家的命运和前途有不少研究成果。在战后一段时间内，一些西方学者热衷于向广大发展中国家推销西方资本主义国家的发展模式和发展道路，并认为这是广大发展中国家唯一的选择。可是残酷的事实却揭穿了西方发展模式和发展道路的虚伪性，在 20 世纪 50—70 年代没有一个发展中国家通过模仿和照搬西方资本主义国家的发展模式和发展道路使得本国经济蓬勃发展。

当前，发展中国家与发达国家之间的差距依然很大。根据国际货币基金组织的分析报告，由于疫情的影响，2020 年全球经济总量由 2019 年的 87.55 万亿美元缩减至 83.84 万亿美元。其中，发达国家 2020 年 GDP 降至 49.81 万亿美元，发展中国家 2020 年 GDP 降至约 34.04 万亿美元，二者约占两类国家 GDP 总和的比例分别为 59.4∶40.6。而发达国家的人口约为 11 亿，发展中国家的人口约为 64 亿，二者约占两类国家总人口的比例分别为 14.7∶85.3。也就是说，占两类国家人口总数不到 14.7%的发达国家占有两类国家 GDP 总量的 59.4%，而占两类国家人口总数超过 85.3%的发展中国家仅占有两类国家 GDP 总量的 40.6%。发展中国家人均 GDP 约为 5 170 美元，而发达国家人均 GDP 则高达 45 280 美元。在这些经济数据背后，发展中国家和发达国家之间还横亘着更为严峻的鸿沟，包括制造业鸿沟、金融鸿沟、教育鸿沟、人才鸿沟、高科技鸿沟、数字鸿沟、健康鸿沟、现代化鸿沟等等，这些都严重阻碍着发展中国家的发展和进步。这里特别需要提出的是发展中国家与发达国家之间的话语鸿沟和话语权不平等，这比其他方面存在的鸿沟更巨大，发展中国家不能成为世界经济发展和国际话语体系的“弃儿”。

西方不少著名经济学家研究了欠发达国家经济贫困的问题，并依据不同的观察视角指出了导致贫困的因素，诸如低收入和预期寿命、较低的农业机械化水平、资源匮乏和资本不足、高人口增长率、低教育水平和就业率。而一些发展中国家的制度失败加剧了这种贫困，例如约瑟夫·E. 斯蒂格利茨（Joseph E. Stiglitz）等学者认为，它们“缺乏良好的金融制度意味着可以得到的资本没有用于适当的投资；金融市场的缺乏意味着企业得不到它们所需要的投入品；良好的法律系统的缺乏意味着债权人发现迫使难约束的债务人还款困难，因此为补偿风险债权人只有在高利贷的情况下才愿意借款。所有这些失败阻碍了新企业的进入和老企业的发展”①。

可见，西方一些学者对发展中国家的诉求的理解存在着多么大的隔膜，他们并不能给发展中国家开出真正的“药方”。

（二）依附理论等理论体系对事实的揭露

正是在这种历史背景下，以劳尔·普雷比施（Raul Prebisch）、萨米尔·阿明（Samir Amin）、伊曼纽尔·沃勒斯坦（Immanuel Maurice Wallerstein）等为代表的一批受到马克思主义启发的学者深入研究了资本主义和世界的关系，特别是与广大发展中国家的关系，纷纷提出了自己的理论解释和分析框架，一定程度上代表了发展中国家的利益，替发展中国家争取国际话语权，他们的研究成果对我们来说仍有重要的参考价值。

劳尔·普雷比施是阿根廷著名学者，早在20世纪40年代中期就开始使用“核心-边缘”理论来研究富国与穷国在世界经济体系中的联系和不平等关系。他认为在“核心-边缘”的资本主义体系中，核心国家

---

① 斯蒂格利茨，沃尔什. 经济学：第3版：下册. 黄险峰，张帆，译. 北京：中国人民大学出版社，2005：809.

由于寡头卖主垄断企业盛行，加之存在着强大工会限制竞争的压力，因而这些国家尽管通过技术变革提高了生产率和工资，但是工业产品价格下降不显著。而与此同时，边缘国家的企业和劳动力都承受着巨大的竞争压力，技术变革加剧了企业之间和工人之间的竞争，导致边缘国家的产品（如原材料）价格和工资下降。中心地区和边缘地区生产的社会组织模式之间的差异改变了两个地区商品贸易的结果，也就是中心地区的贸易条件长期改善，但边缘地区的贸易条件在恶化①。这种不平等贸易的结果是富国越来越富，穷国越来越穷。他认为只有改变这种贸易秩序，才能改变发展中国家在国际收支中的不平衡地位。他的观点被称为“普雷比施命题”。

著名学者萨米尔·阿明是依附理论的重要代表人物。他区分了边缘地区和中心地区资本主义发展，认为边缘地区资本主义发展受到诸多因素的扭曲。这些因素包括：出口导向型活动占主导地位，非生产性服务活动急剧增长，中心地区通过资本控制贸易和金融活动攫取边缘地区的剩余，边缘地区经济活动缺乏整体性。他在 1997 年出版的《全球化时代的资本主义》一书中阐述了对全球化、资本主义及其危机管理之间关系的思考，他认为在资本主义全球化时代两极分化现象仍将非常明显，这种两极分化是由“黄金增长时代”（20 世纪 50 年代至 60 年代）的巨大变化引起的，形成了一个与过去不同的世界体系。特别是那些处于外围和依附地位的第三世界国家的经济发展并没有真正改变资本主义全球化两极分化的趋势，“第三世界的工业化进程并不能结束现存世界资本主义体系所固有的两极分化趋势；相反，两极分化的形式和机制将被推广到其他地区，在那里，中心区国家的金融、技术和文化以及军事垄断权将控制这些形式和机制，从而使全球化的价值规律的新形式产生新的两极分化。而且，这些外围地区的工业化将不再创生西方发达国家所出现的社会演进”。那些还没有被资本主义体系和工业化光顾到的国家则

① 奥哈拉. 政治经济学百科全书. 郭庆旺，等译. 北京：中国人民大学出版社，2009：179.

更为贫穷，“那些工业化进程中的第三世界国家没有任何条件避免形式更为野蛮的资本主义扩张。在那些姑且被称为第四世界而被排除在工业化之外的国家里，社会体系畸形发展到了极具讽刺的地步：劳动力储备军占了人口的大多数——他们包括被边缘化的穷人和被剥夺了土地革命所带来的任何成果的农民”。

在阿明看来，“第二次世界大战后，第三世界试图通过国家自我中心式的民族发展（虽然向世界经济开放）和国家的建设/现代化，复制资产阶级民族国家为它们所提供的现代性模式。在这种背景下，亚洲、非洲和东欧（通常是多民族国家）的统治阶级将其统治的合法性建立在经济发展的基础之上，二者恰恰是直到20世纪80年代世界资本主义的强势扩张都青睐的”。随着全球化的深入发展，这种对资本主义的模仿出现了新的矛盾。“一方面，控制资本积累的经济力量的重心已经转移到了单个国家的边界之外；另一方面，在世界范围内，还没有一个能够为世界资本主义体系的总体管理提供某种一致性的政治、社会、意识形态和文化的框架。”①

阿明认为，一个国家在全球等级体系中的地位是由它在世界市场上的竞争力所决定的，这种竞争力是经济、政治和社会等方面许多要素综合决定的产物。他分析中心区国家运用“五大垄断力”并对社会理论构成挑战。这五大垄断力是：技术垄断，对世界金融市场的金融控制，对全球自然资源开发的垄断，媒体和通信垄断，对大规模杀伤性武器的垄断。“这五大垄断力量共同规定了全球化价值规律的运行框架。”“所有这些进程的运作都阻碍了外围国家工业化的对外影响，降低了其生产性劳作的价值，却高估了能从中心区国家获利的新垄断力的运作中所带来的预期附加值。其结果是出现了新的等级秩序，全球收入分配比过去更加不平等，外围国家的产业限于从属地位，沦落到转包者地位。这是新的两极分化的基础，它预示着两极分化的未来形态。”②

---

①② 阿明．全球化时代的资本主义：对当代社会的管理．丁开杰，等译．北京：中国人民大学出版社，2013：引言．

著名学者伊曼纽尔·沃勒斯坦是研究资本主义世界范围运动的重要学者，他创立的世界体系理论揭示了资本主义世界扩张对广大落后国家的经济剥削的实质。1974 年他出版了《现代世界体系：16 世纪的资本主义农业和欧洲世界经济的起源》，这是他有关世界体系理论论述的第一卷。在他的世界体系理论中明确指出：16 世纪产生于欧洲的资本主义世界体系通过地理扩张和经济掠夺，到 19 世纪末已经建立起来全球性的殖民体系并完成了近代世界体系向全球扩张的过程。他认为："世界体系是具有广泛劳动分工的社会体系，它具有范围、结构、成员集团、合理规则和凝聚力。"① 资本主义世界体系可以根据其在资本主义体系中的地位，分为中心地区、半边缘地区和边缘地区，分别由西方发达国家、有一定经济基础的发展中国家、经济落后的发展中国家组成。处于中心地区的发达国家以其拥有的资本、技术、产品、市场、贸易、管理和知识等显著优势形成强势体系，而处于半边缘、边缘地区的发展中国家对西方发达国家的这种强势体系有着深度依赖，这种西方发达国家主导的结构势必导致它们要按照自己的面貌改造世界。发展中国家和地区面对这种强势体系只能有两种选择：要么拒绝这种强势体系而被这一体系拒之门外，要么接受这种强势体系而处于这一体系的半边缘、边缘地区。从沃勒斯坦的分析中我们可以看出，只要这种资本主义世界体系不改变，广大发展中国家的经济地位就不可能发生根本改变。

三、中国的国际参与与国家话语权

中国是最大的发展中国家，中国同样被长期排斥在国际话语体系之外，很少有机会向世界展示自己的诉求和愿望。而快速发展的中国需要向世界解释自己"从何处来"与"向何处去"的疑惑，这不仅关乎通过

① 沃勒斯坦．现代世界体系：16 世纪的资本主义农业与欧洲世界经济的起源：第 1 卷．郭方，等译．北京：高等教育出版社，1998：15．

解答这一国际社会高度关注的问题，让世界更加全面、客观和理性地认识、理解和评价中国，更影响到未来将构建和形成一个什么样的国际话语体系。

（一）国家话语体系建设的两个阶段

中华人民共和国成立以来，中国的话语权构建经历了两个不同的发展阶段，即社会主义革命和建设阶段、改革开放和现代化建设阶段特别是党的十八大以来的新时代。

第一阶段是中华人民共和国成立最初的几十年，我们一度因为比较恶劣的国际环境，特别是以美国为首的西方国家的封锁和围困、以苏联为首的前社会主义国家的排斥和打压，不太重视国家话语权的建设，不太重视营造一个有利于中国发展的国际环境，不太关注积极参与国际事务并推动世界格局的变化，我们失去了全力营造一个有利于中国和平发展的国际环境和充分运用国际发展资源的机会。

在当时那种严峻的形势下，以毛泽东同志为核心的党的第一代中央领导集体还是进行了系统的理论创新和话语创新。例如，毛泽东根据当时中国所处的国际环境和面临的国际威胁，反复强调他于 1946 年 8 月在延安杨家岭与美国记者安娜·路易斯·斯特朗谈话时提出来的著名论断："一切反动派都是纸老虎。"1970 年，针对美国在印度支那发动的战争挑衅，毛泽东发表了题为《全世界人民团结起来，打败美国侵略者及其一切走狗!》的声明（又称"五·二〇"声明），表达了中国政府和人民坚决反对美国侵略行径的立场。1974 年，他又提出"三个世界"理论，推动了与美国等西方国家关系缓和的重大政策调整和外交决策制定。此外，1953 年周恩来与来访的印度代表团会谈时首次提出了和平共处五项原则，1954 年中国与印度、缅甸等国共同倡导和平共处五项原则。1955 年，在 29 个国家和地区参加的万隆会议上发表的《关于促进世界和平和合作的宣言》，完全吸收了和平共处五项原则。1974 年 4 月，邓小平出席联大特别会议，在这个国际舞台上继续重申国家之间的政治和经济关系都应建立在和平共处五项原则的基础之上。可以说，这一阶段在国际舞台上，中国一方面坚决维护中国的国家利益和广大发展中国家的利益，另一方面积极倡导和平共处五项原则，将其作为处理国家间事务和国际事务的基本原则。

第二阶段是改革开放和现代化建设阶段特别是党的十八大以来的新时代，中国以前所未有的开放姿态、探索勇气和发展热情参与到经济全球化和各种国际事务之中，中国的国家形象和国际地位得到空前改善和提升。

这一阶段的重大举措包括：一是中国逐步调整了原来片面强调“独立自主、自力更生”的国家发展战略，积极推动从相对对外封闭到全面对外开放的转变，将改革开放确立为中国的基本国策，带动了中国国民经济轰轰烈烈地发展，探索出了一条中国特色社会主义发展道路，社会主义制度优势空前迸发。二是中国结合自己的国情和发展要求，学习和借鉴发达国家的有益经验，逐步建立起了社会主义市场经济体制这一崭新的经济体制，筑牢了经济社会快速发展的体制基础。三是中国不断深化对外开放，从设立若干经济特区，到沿海 14 个开放城市，再到沿海开放经济区；从设立海南省全省经济特区，到上海浦东开发开放及 2013 年上海设立自由贸易区①，再到海南设立自由贸易港②；从吸收利用国外资金、技术和管理，到参加世界贸易组织谈判并加入该组织；中国全方位对外开放的格局已经形成。四是中国相继举办了一系列重要的国际政治经济论坛和体育赛事，极大地改善和提升了中国的国家形象和国际影响力。例如，成立于 2000 年的中非合作论坛迄今已经举行了 8 届，并取得了巨大的成效，对于推动中非经贸合作和政治互信做出了积极贡献；成立于 2014 年的中国-拉共体论坛

① 上海自由贸易区是中国目前第一个也是最大的自由贸易区，现有面积约 120 平方公里。其主要任务就是探索中国对外开放的新路径和新模式，推动加快转变政府职能和行政体制改革，促进转变经济增长方式和优化经济结构，实现以开放促发展、促改革、促创新，形成可复制、可推广的经验，服务全国的发展。简单说就是要成为中国经济新的“试验田”。

② 设立海南自由贸易港是中国改革开放的重大战略决策。其目标就是要对标国际高水平经贸规则，解放思想、大胆创新，聚焦贸易投资自由化便利化，建立与高水平自由贸易港相适应的政策制度体系，建设具有国际竞争力和影响力的海关监管特殊区域，将海南自由贸易港打造成为引领我国新时代对外开放的鲜明旗帜和重要开放门户。

及其框架下的多领域对话丰富多彩、成效显著；成立于 2001 年的博鳌亚洲论坛每年举办年会，讨论议题十分广泛，已经成为十分重要的国际组织和论坛；亚太经济合作组织（APEC）会议自从 1993 年以来已经举办了 27 次领导人非正式会议，中国成为其主要成员并发挥了重要的作用；成立于 2001 年的上海合作组织成员国元首理事会迄今已经举办了 21 次会议，对于加强上海合作组织成员国之间的合作与交流发挥了重要的作用。这仅仅是改革开放以来特别是进入 21 世纪以来中国积极走上国际舞台并发挥重要作用的一个缩影，中国还参与了许多重要的国际事务和活动。尤其需要提及的是 2008 年在北京举办的第 29 届夏季奥运会盛况空前，有来自 204 个国家和地区的 11 438 位运动员参赛，参加奥运会的运动员、教练员和官员达 6 万多人。奥运会给了北京一个机会，北京给了世界一个惊喜。

（二）国家话语体系建设新要求

党的十八大以来的新时代，是中国国际话语权全面提升和加速建设时期。我国以前所未有的积极进取的外交姿态和灵活多样的形式全方位地参与到国际活动之中。习近平同志十分重视中国国家话语权建设，十分重视中国参与其中的国际政治经济秩序构建，十分重视全球治理格局和全球治理体系的构建。

2015 年 10 月 12 日，中共中央政治局专门就全球治理格局和全球治理体制进行第二十七次集体学习，习近平同志指出："我们参与全球治理的根本目的，就是服从服务于实现'两个一百年'奋斗目标、实现中华民族伟大复兴的中国梦。要审时度势，努力抓住机遇，妥善应对挑战，统筹国内国际两个大局，推动全球治理体制向着更加公正合理方向发展，为我国发展和世界和平创造更加有利的条件。"对于全球治理体系变革问题，他指出："国际力量对比发生深刻变化，新兴市场国家和一大批发展中国家快速发展，国际影响力不断增强，是近代以来国际力量对比中最具革命性的变化。数百年来列强通过战争、殖民、划分势力范围等方式争夺利益和霸权逐步向各国以制度规则协调关系和利益的方式演进。现在，世界上的事情越来越需要各国共同商量着办，建立国际机制、遵守国际规则、追求国际正义成为多数国家的共识。经济全球化深入发展，把世界各国利益和命运更加紧密地联系在一起，形成了你中有我、我中有你的利益共同体。很多问题不再局限于一国内部，很多挑战也不再是一国之力所能应对，全球性挑战需要各国通力合作来应对。”正因如此，中国提出“一带一路”倡议、建立以合作共赢为核心的新型国际关系、坚持正确义利观、构建人类命运共同体等理念和举措，顺应时代潮流，符合各国利益，增加了我国同各国利益汇合点。中国要积极推动建立公正合理的国际政治经济秩序，“要推动变革全球治理体制中不公正不合理的安排，推动国际货币基金组织、世界银行等国际经济金融组织切实反映国际格局的变化，特别是要增加新兴市场国家和发展中国家的代表性和发言权，推动各国在国际经济合作中权利平等、机会平等、规则平等，推进全球治理规则民主化、法治化，努力使全球治理体制更加平衡地反映大多数国家意愿和利益。要推动建设国际经济金融领域、新兴领域、周边区域合作等方面的新机制新规则，推动建设和完善区域合作机制，加强周边区域合作，加强国际社会应对资源能源安全、粮食安全、网络信息安全、应对气候变化、打击恐怖主义、防范重大传染性疾病等全球性挑战的能力”。世界是全世界各国和人民的世界，全球治理离不开人类各种优秀文明成果的吸收。“要推动全球治理理念创新发展，积极发掘中华文化中积极的处世之道和治理理念同当今时代的共鸣点，继续丰富打造人类命运共同体等主张，弘扬共商共建共享的全球治理理念。”①

2016 年 9 月 27 日，中共中央政治局专门就二十国集团领导人峰会和全球治理体系变革进行第三十五次集体学习，习近平同志指出：“随着国际力量对比消长变化和全球性挑战日益增多，加强全球治理、推动全球治理体系变革是大势所趋。”他还指出，“我们运用议题和议程设置

① 习近平．推动全球治理体制更加公正更加合理 为我国发展和世界和平创造有利条件．人民日报，2015-10-14 (1).

主动权，打造亮点，突出特色，开出气势，形成声势，引导峰会形成一系列具有开创性、引领性、机制性的成果，实现了为世界经济指明方向、为全球增长提供动力、为国际合作筑牢根基的总体目标。在这次峰会上，我们首次全面阐释我国的全球经济治理观，首次把创新作为核心成果，首次把发展议题置于全球宏观政策协调的突出位置，首次形成全球多边投资规则框架，首次发布气候变化问题主席声明，首次把绿色金融列入二十国集团议程，在二十国集团发展史上留下了深刻的中国印记”①。

正是因为中国近些年来高度重视国家话语体系建设和国际话语体系构建，所以中国才能以前所未有的积极姿态和责任担当参与到全球治理活动和全球治理体系之中。最为突出的例证就是习近平同志提出的“一带一路”倡议、建立以合作共赢为核心的新型国际关系、坚持正确义利观、构建人类命运共同体等理念和举措，在国际社会引起了巨大的反响，成为当今国际话语体系的重要内容，塑造了中国负责任大国的崭新形象。

四、“一带一路”与国际话语权

党的十八大以来，我国国家话语体系建设进入了崭新的发展阶段，中国国家话语权的设置能力空前提高。特别是习近平同志提出的“一带一路”倡议取得了前所未有的国际响应和国际影响力，为我们提供了一个生动鲜活的成功案例。

(一)“一带一路”倡议的提出

2013 年 9 月和 10 月，习近平同志在出访中亚和东南亚国家期间，

① 习近平．习近平谈治国理政：第 2 卷．北京：外文出版社，2017：449.

相继提出了共建“丝绸之路经济带”和“21世纪海上丝绸之路”的倡议[①]。“一带一路”倡议很快得到了沿线国家及更多国家的响应，这是中国提出的国际战略成为众多国家共同发展战略的生动事例。

“一带一路”中的“带”指“丝绸之路经济带”，它连接了中国与中亚、东欧和西欧，旨在实现中国与地中海、波斯湾、中东地区、南亚和东南亚的互联互通。该条线路的重要规划在于搭建“亚欧大陆桥”，即建设一条始于中国东部沿海地区，一路延伸至西欧的物流链；开发多条经济走廊，使中国与蒙古、俄罗斯、中亚、东南亚连接。“一带一路”中的“路”指“21世纪海上丝绸之路”，它始于中国东南沿海，向西经南海和印度洋通向地中海，连接东南亚、南亚、中东、西非、北非和欧洲的广阔地区；向东延伸至南太平洋，连接东南亚，进而影响环太平洋沿线。

2008年世界金融危机极大地减缓了世界的发展，发达国家经济长期低迷，国内政治压力增大，对全球化和自由贸易的态度有所扭转，不仅未能解决自身的经济发展问题，而且对全球特别是发展中国家或地区的负面影响也十分明显。中国经过改革开放以来的快速发展，积累了财富和经验。一方面，中国的经济总量已经达到世界第二位，产业门类齐全，且在多个产业和多种关键产品上具有全球竞争优势，在危机中成为拉动全球经济增长的重要力量。另一方面，中国的人均财富水平仍处于发展中国家行列，且中国也深受全球危机的影响，经济增速开始放缓。寻求新的经济增长点，特别是在全球化背景下寻求与世界市场的合作与共赢，不仅是中国与有关国家或地区的重要战略合作机遇，也是中国作为负责任大国的重要体现。

“一带一路”倡议在这样的背景下提出，它既是以市场为原则的经

---

① 2013年9月7日，习近平同志在哈萨克斯坦纳扎尔巴耶夫大学的演讲中，提出共建“丝绸之路经济带”倡议，旨在使欧亚各国经济联系更加紧密、相互合作更加深入、发展空间更加广阔，提出用创新的合作模式共同建设“丝绸之路经济带”。同年10月3日，习近平同志在印度尼西亚国会演讲中，提出共建“21世纪海上丝绸之路”倡议，表示中国愿同东盟国家加强海上合作，使用好中国政府设立的中国-东盟海上合作基金，发展好海洋合作伙伴关系，共建“21世纪海上丝绸之路”。习近平. 习近平谈治国理政. 北京：外文出版社，2014.

济合作，又特别注重基础设施建设等单一国家或私人资本所不愿或无力介入的领域；它既是经济合作主导的，又渗透到社会、政治、文化等多个领域，其影响是多方面的。习近平同志指出：“我提出共建‘一带一路’倡议，旨在传承丝绸之路精神，携手打造开放合作平台，为各国合作发展提供新动力。”①

在“一带一路”沿线国家或地区当中，既有具备一定发展基础的高收入国家或地区，如以色列、新加坡和韩国等，又有东欧转型国家，如波兰、捷克和白俄罗斯等，更多的是亚非大陆广大的发展中甚至欠发达国家或地区，如巴基斯坦、阿富汗和埃塞俄比亚等。初步了解代表性国家或地区的经贸文化特征，有助于全面了解这一前瞻性战略的基础环境，有助于推进符合当地国情和民情的发展思路。“一带一路”一端是快速发展的中国，一端是高度发达的欧洲，沿线地区则主要是发展中国家和转型国家。这些国家地理信息差异大，在社会、文化、宗教等方面具有鲜明的多样性，因此求同存异、互利共赢是“一带一路”倡议的重要原则。

2013 年 12 月，习近平同志在中央经济工作会议上指出：“建设丝绸之路经济带、二十一世纪海上丝绸之路，是党中央统揽政治、外交、经济社会发展全局作出的重大战略决策，是实施新一轮扩大开放的重要举措，也是营造有利周边环境的重要举措。形象地说，这‘一带一路’，就是要再为我们这只大鹏插上两只翅膀，建设好了，大鹏就可以飞得更高更远。这也是我们对国际社会的一个承诺，一定要办好。”② 2016 年 8 月，他在推进“一带一路”建设工作座谈会上进一步阐述了“一带一路”建设的重大战略意义，他说：“‘一带一路’建设是我们着眼欧亚大舞台、世界大棋局的重大谋篇布局。‘一带一路’贯穿欧亚大陆，东边连接亚太经济圈，西边进入欧洲经济圈，大致涉及六十五个国家，总人

① 习近平向“一带一路”亚太区域国际合作高级别会议发表书面致辞. 人民日报，2021-06-24 (1).

② 中共中央文献研究室. 习近平关于社会主义经济建设论述摘编. 北京：中央文献出版社，2017：246-247.

口四十四亿，生产总值二十三万亿美元，分别占全球的百分之六十二点五、百分之二十八点六。通过‘一带一路’建设把沿线国家团结起来，我们就可以在全球和地区大竞争中站稳脚跟、赢得主动。”①

我们要牢记习近平同志2020年11月19日在亚太经合组织工商领导人对话会上的演讲提出的：“我们将继续高举开放合作大旗，坚持多边主义和共商共建共享原则，推动高质量共建‘一带一路’，推进同各国、各地区发展战略和互联互通规划对接，加强政策、规则、标准融通，同各国不断深化基础设施建设、产业、经贸、科技创新、公共卫生、人文等领域务实合作，把‘一带一路’打造成合作之路、健康之路、复苏之路、增长之路，加强绿色发展合作，为推动世界共同发展、构建人类命运共同体贡献力量。”② 这是习近平同志提出这一倡议的初衷，也是希望通过这一倡议实现的最高目标。

（二）“一带一路”建设成绩斐然

“一带一路”沿线国家或地区多是发展中国家，这些国家或地区有发展经济的期盼，也是世界经济发展的动力所在。从人均国民收入水平看，东亚和东南亚地区略为富有，2018年，该地区人均国民收入水平为1万美元左右，基本达到全球平均水平；南亚地区较为贫困，人均国民收入水平仅为1 600美元左右；中东地区差异巨大，既有卡塔尔人均国民收入7.5万美元的高水平，也有伊拉克和伊朗人均国民收入6 000美元左右的中低水平。

从推动全球经济发展的角度看，沿线地区的多个国家近年来实现了经济快速增长，且不乏区域大国，为全球走出危机贡献了重要力量。比如2018年，中国、印度、越南、埃塞俄比亚等国GDP增长率在6%以上，坦桑尼亚、印度尼西亚等国增长率在5%以上，当年全球GDP增长

① 中共中央文献研究室．习近平关于社会主义经济建设论述摘编．北京：中央文献出版社，2017：276.

② 习近平．构建新发展格局 实现互利共赢：在亚太经合组织工商领导人对话会上的主旨演讲．人民日报，2020-11-20（2）.

率仅为3.1%。

投资是推动经济增长的重要引擎。发展中国家和中国改革开放初期一样，都面临投资缺乏的问题，而这一问题在发展初期无法从内部寻找解决途径，多依靠外商直接投资。中国是成功吸引外商直接投资的典范，2018年外商直接投资存量近2万亿美元，仅次于美国而位居世界第二，极大地推动了我国经济的稳定发展。“一带一路”沿线的多数国家目前仍处于投资来源不足、持续增长动力不足的状态，与其所拥有的资源和劳动力不匹配，有待在投资中寻找机会，而外商直接投资则是起步阶段的重要支撑。

从人均水平看，2018年发达国家吸引外商直接投资存量多在人均1万美元以上，而包括中国在内的广大发展中国家和转型国家的人均水平普遍较低，特别是发展中国家的人均水平更低。提高这一水平无疑将大力推动发展中国家的经济和社会发展。

基础设施建设是经济发展的重要保障。中国在经济快速发展的同时，不仅构建了全球最大的高速铁路网，而且在高速公路、民用航空、港口码头、新能源发电、输电线路、通信等基础设施建设上取得了突飞猛进的发展，在2018年的基础设施状况综合评估中，中国均获得了较高分数。综观“一带一路”沿线国家，多数国家的基础设施建设相对比较落后，或在某些方面有特色，但整体比较落后。比如，从自然地理条件来说，埃及地处大西洋连接印度洋的要道，其港口发展有一定优势，但公路和铁路发展水平落后。推动沿线国家发展基础设施，不仅是推动当地经济发展的着力点，也是从陆路和水路建立欧亚通道的关键节点。

从网络服务看，发达国家百万人拥有的互联网服务器数量多在千台以上，而“一带一路”沿线多数国家相对落后。发展互联网，将为借助互联网发展新经济提供广阔平台，中国和“一带一路”沿线国家大有可为。在全球化过程中，中国始终坚持和平共处、互利共赢。在新的形势下，我们既要看到辉煌的发展成果，又要认清我国仍为发展中国家。这要求我们一方面要关注国内问题，解决自身的发展问题和贫困问题；另一方面又要力所能及地承担大国责任，为全球发展贡献力量。“一带一路”倡议的提出正是中国承担国际责任的体现。

中国的人类发展指数从 20 世纪 90 年代的 0.499 提升到 2018 年的 0.758，中国是增长最快的国家之一，但距离高质量的人类发展还有一定距离。同时，综观“一带一路”沿线国家，除以色列等少数发达国家以及俄罗斯等部分转型国家外，多数国家的人类发展指数不高，仍处于发展的起步阶段。教育是发展的基础。以 15 岁以上人口的识字率来看，2015 年中国已达到 96%以上，与发达国家几乎无差距，但多数“一带一路”沿线发展中国家的这一比例仍不足 80%，甚至更低。中国推动“一带一路”产业合作与发展的同时，仍会承担自己应有的责任，在合作中推动沿线国家或地区的全面发展，以促进共同进步。

2017 年 5 月，第一届“一带一路”国际合作高峰论坛在北京举行，会议包括开幕式、圆桌会议和高级别会议三部分，还专门安排了围绕“五通”（政策沟通、设施联通、贸易畅通、资金融通、民心相通）等主题召开的会议，取得了 76 大项、270 多项具体成果。有 29 个国家的元首和政府首脑出席，140 多个国家和 80 多个国际组织的 1 600 多名代表与会。2019 年 4 月，第二届“一带一路”国际合作高峰论坛在北京举行，会议分论坛增加到 12 场，增加了“智库交流”“廉洁丝绸之路”“数字丝绸之路”“绿色之路”“创新之路”“境外经贸合作区和地方合作”等主题。有 37 个国家的元首和政府首脑出席，150 多个国家和 90 多个国际组织的近 5 000 名代表与会。

习近平同志在第二届“一带一路”国际合作高峰论坛开幕式上的主旨演讲总结了“一带一路”倡议以来的成就，他说：“在各方共同努力下，‘六廊六路多国多港’的互联互通架构基本形成，一大批合作项目落地生根，首届高峰论坛的各项成果顺利落实，150 多个国家和国际组织同中国签署共建‘一带一路’合作协议。共建‘一带一路’倡议同联合国、东盟、非盟、欧盟、欧亚经济联盟等国际和地区组织的发展和合作规划对接，同各国发展战略对接。从亚欧大陆到非洲、美洲、大洋洲，共建‘一带一路’为世界经济增长开辟了新空间，为国际贸易和投资搭建了新平台，为完善全球经济治理拓展了新实践，为增进各国民生福祉作出了新贡献，成为共同的机遇之路、繁荣之路。"① 自"一带一路"倡议提出以来，已经有 140 个国家同中方签署了共建"一带一路"合作协议，合作伙伴越来越多。各参与国家和地区积极推进政策沟通、设施联通、贸易畅通、资金融通、民心相通，启动了大批务实合作、造福民众的项目，构建起全方位、复合型的互联互通伙伴关系，开创了共同发展的新前景。

正如习近平同志强调指出的："共建'一带一路'秉持共商共建共享合作原则，坚持开放、绿色、廉洁、合作理念，致力于高标准、惠民生、可持续的合作目标。中国进入新发展阶段、贯彻新发展理念、构建新发展格局，为'一带一路'合作伙伴提供了更多市场机遇、投资机遇、增长机遇。中方愿同各方一道，建设更加紧密的'一带一路'伙伴关系，坚持走团结合作、互联互通、共同发展之路，共同推动构建人类命运共同体。"② "一带一路"倡议和建设是自 1949 年以来中国倡议的和 21 世纪以来世界唯一的对外合作最强、参与国家最多、联系规模最大、国际影响最广的国际合作范例。这是习近平同志为新时代中国发展和 21 世纪世界发展做出的重大贡献，从中受惠的国家和人口数量都是世界历史上少有的。

五、共同推进海峡两岸中华优秀传统文化的继承与创新

海峡两岸出版界要积极推动出版交流与合作，共同投入到弘扬中华优秀传统文化、筑牢两岸出版交流基石的扎扎实实的工作中。中华优秀传统文化是两岸人民共同的认知基础和文化根基。近几十年来，中华优秀传统文化更成为中国大陆走向成功、走向未来的重要力量，推动了中

① 习近平．习近平谈治国理政：第 3 卷．北京：外文出版社，2020：490.

② 习近平向"一带一路"亚太区域国际合作高级别会议发表书面致辞．人民日报，2021-06-24（1）.

国大陆经济成功发展，确保了中国大陆与世界和谐共生，密切了中外文明交流与融合。

（一）弘扬中华优秀传统文化，筑牢两岸出版交流基石

在中华民族伟大复兴的时代，海峡两岸 70 多年的割裂局面是令人痛心的，这是历史造成的巨大不幸。但是海峡两岸开启交流 30 多年来，出版界的交流与合作始终走在各种交流与合作的前列，而且越来越紧密。两岸出版界的共识是引导出版交流与合作向纵深发展的动力，这个共识就是：弘扬中华优秀传统文化，筑牢两岸出版交流基石。

中华优秀传统文化是中华民族历经 5 000 多年创造形成的文明形态，是维系中华民族大家庭的重要纽带，是中华民族始终保持文化认同的根本所在。在历史上，中华优秀传统文化有过高歌猛进的时期，也有过低回曲折的时期。当前，中华文明面临着前所未有的繁荣发展的大好局面，必将推动世界对中华优秀传统文化的重新认识。当前，中华优秀传统文化的出版面临着前所未有的良好发展时期，这就给海峡两岸的出版界提供了大有作为的出版机遇，海峡两岸出版界应该携起手来，共同参与和见证中华优秀传统文化出版大发展的美好时代。

中华优秀传统文化的精髓滋养了中国大陆经济的成功发展。最近 40 多年来，中国大陆经济的快速成长超越了人们的预期，中国大陆经济从整体上已经开始进入中等发达国家阶段。回顾这一历史过程，可以看出中华优秀传统文化推动了中国大陆经济的快速发展。一是中国大陆得益于自强不息、改革创新的奋斗精神，大陆经济快速发展，积极有效地参与全球化进程，没有在这个进程中被边缘化，而是越来越进入世界经济发展的核心地带。改革开放使中国大陆获得了逐渐融入世界经济并部分主导世界经济发展的机会，同时也为中国大陆经济的快速发展提供了可能。二是中国大陆得益于天下兴亡、匹夫有责的担当意识，积极参与世界体系的改造和世界规则的制定。中国现在已经成为世界第二大经济体，新的世界经济体系需要有中国大陆等新兴经济体的参与才能最终形成。可以想见，中国大陆这样的发展趋势和发展速度必将改变整个世界

经济政治版图。三是中国大陆得益于兼济天下、共同发展的理想追求，确定了在未来的发展中更大程度更大规模地参与到世界经济之中。目前，中国大陆积极推动的共建“一带一路”倡议、组建亚洲基础设施投资银行等促进经济全球化的战略举措，已经充分地表明了中国大陆是世界经济成长的重要引擎之一。四是中国大陆得益于立足自己、超越中西的不懈探索，在经济发展中成功走出了一条非西方式的经济发展道路，没有完全按照人们已有知识和经验来设计自身发展道路，而是从中国大陆的实际出发，采取“摸着石头过河”和加强顶层设计相结合的方式走出一条“非典型性”的发展道路，因而越来越具有了普遍的意义。

中国大陆经济崛起的波澜壮阔的历史进程理所当然地首先引起了台湾地区学术界的高度关注，大陆的经济快速发展对台湾地区的经济始终是一个巨大的利好消息。习近平同志指出：“两岸一家亲，家和万事兴。我们推动两岸关系和平发展，着眼点和落脚点是要增进同胞的亲情和福祉，让两岸同胞过上更加美好的生活。只要是有利于增进两岸同胞的亲情和福祉的事，只要是有利于推动两岸关系和平发展的事，只要是有利于维护中华民族整体利益的事，两岸双方都应该尽最大努力去做，并把好事办好。”① 我们看到台湾地区学者的相关研究和探讨不断加深，其中不少学者的研究成果引起了大陆学术界的高度重视。

例如，台湾学者朱云汉教授长期追踪和研究中国大陆的发展，他的著作《高思在云：中国兴起与全球秩序重组》就是他长期观察思考的成果。他基于大历史观审视了中国大陆崛起的世界历史意义，以深刻的学理分析和生动的事实，展望了中国大陆崛起将如何撼动当前全球秩序和西方话语权，中国大陆的发展模式将如何影响人类社会的未来，将如何塑造“多元现代性”的历史格局，进而激发非西方世界的“文化自觉”。他从政治经济学视角探析了中国大陆道路、中国大陆体制的特色和优越性。他提出，与中国大陆崛起相关联，当前人类社会正处于一个数百年难遇的“巨变时代”，其最重要的特征是四重历史趋势的反转，即以美

① 习近平．习近平谈治国理政：第2卷．北京：外文出版社，2017：431．

国为核心的单极体系式微；“第三波民主”的退潮；资本主义全球化陷入困境，国际经济秩序自由化的危机浮现；西方中心世界的没落和非西方世界的全面崛起。这部著作的深邃思想，需要读者去认真阅读和体会。它揭示了我们所处的这个时代各类文明和文化形态的基本走势。

（二）中华优秀传统文化推动着世界和谐发展

世界各国文明的关系不是相互战胜、相互取代的关系，而是相互包容和相互促进的关系。中华优秀传统文化的博大精深就在于它对各种文化优秀成果的包容和吸收。著名学者费孝通先生曾用“各美其美，美人之美，美美与共，天下大同”表达了中国大陆学人对世界文明发展未来的美好愿望，也表达了中国大陆对世界文明发展的愿景。文明发展是物质文明和精神文明的协调统一，或者简单地说是经济和文化相互促进的结果。没有以学术文化为代表的精神文明的发展，物质文明也保不住。中国历史上的一些“盛世”时期，几乎都是文化大发展和学术精品层出不穷的时期。笔者认为目前中国大陆学术研究和学术出版也已经形成了强大的创新动力和创新基础，学术精品大量问世，其中很重要的一个标志就是中华优秀传统文化成果的出版。中华优秀传统文化所包含的丰富的思想内容，塑造、感染、激励着一代又一代中国人。古代“盛世”的思想文化如此，近代“并非盛世”的思想文化也是如此。

在中国思想史上，我们可以看到和读到许多先贤哲人对中国和世界的思考，他们的智慧不断启迪着今天的人们。例如，我们可以从中国人民大学出版社出版的“中国近代思想家文库”系列图书中，一览他们的思想。“中国近代思想家文库”收集了100多位中国近现代著名的学者、政客的代表性著述，共100卷，总字数约5 200万字，可谓思想精粹、煌煌大观。从中我们看到，中国近现代思想家们始终在思考着中国的命运和前途，在“千古未有之变局”的历史关头，他们没有停止自己的思考，形成了形形色色的思想流派，有进化论、民族主义、社会主义、自由主义、激进主义与保守主义、革命与和平改革等。其中，一些思想家和先贤勇于站在时代的潮头，最早洞察了世界发展的脉搏，提出了“师夷长技以制夷”等思想主张，如魏源、林则徐、龚自珍等；一些思想家和先贤初步考察和接触了西方社会的深刻变化，希望中国能够奋起直追，“定为工国”，如王韬、薛福成、马建忠、郑观应等；一些思想家和先贤敢于应对危局，秉承经世致用之学，开启了中国近代化的进程，如曾国藩、左宗棠、李鸿章、张之洞等；一些思想家和先贤学习和借鉴西方资产阶级改良道路，希望中国通过改良走上强国之路，如康有为、梁启超、谭嗣同等；一些思想家和先贤奉行铲除旧制度、建立共和国的革命理想，在中国开展资产阶级革命和推动资本主义发展，如孙中山、胡汉民、宋教仁等；一些思想家和先贤力图走出一条既非资本主义也非社会主义的“中间”改良道路，身体力行试图改变积贫积弱的状况，如晏阳初、梁漱溟等；一些思想家和先贤深入研究中华文化的精髓，力图振兴中华文化精神，如章太炎、王国维、马一浮、熊十力、汤用彤、顾颉刚等；一些思想家和先贤学习和借鉴西方知识体系和先进学说，开启了中国近现代学科的建立和建设进程，如蔡元培、胡适、金岳霖、冯友兰、萧公权、潘光旦、贺麟、费孝通等；一些思想家和先贤向苏俄和马克思主义学习与求教，在中国开展了影响深远的马克思主义与中国实际相结合的探索，如李大钊、李达、郭沫若、恽代英、瞿秋白、王亚南等。“中国近代思想家文库”呈现了近代中国思想无比绚丽多彩的多样性和复杂性。这套丛书受到台湾地区学术界和出版界的高度评价，没有一批学养高深的学者的参与，没有出版人坚持不懈的努力，没有国家出版基金的有力支持，要想顺利完成这套丛书是不可能的。一些台湾出版界人士认为，这种规模的丛书在台湾是无法完成的，他们缺乏有效的制度保证和资金支持，他们十分期待与中国大陆出版界开展多种形式、多种层次的交流与合作。

（三）海峡两岸共同的话语体系创新有助于推动中外文明交流与合作

文明和文化的优势需要系统的话语体系来表现。中华文明的发展和崛起需要着力打造融通中外的新概念、新范畴、新表述，增强对外话语的创造力、感召力、公信力。中国大陆强调讲好中国故事，传播好中国声音，阐释好中国特色，这绝非小事，更非易事，这是从中华文明崛起的角度提出的重大课题。长期以来，西方发达国家凭借其经济先发优势垄断了话语解释权，形成了话语霸权；与之相比，中国学术话语体系在原创性、影响力上还有很大不足。这就要求两岸出版界加强沟通与合作，把中国学术话语体系的国际传播做好。

中国学术话语体系的构建具有十分深远的意义。学术理论和学术思想是话语体系的内容和内核，是各种社会思潮和社会价值观念的重要来源。仅就笔者所了解的情况来看，有深度、有说服力的中国学术成果越来越多，但是具有国际影响的研究成果还不够，还需要更加努力。显而易见，没有好的话语体系做支撑，再好的内容也表达不出来，或者表达出来自己没底气、别人也不认同。成熟的话语体系可以解释社会现象、解读社会实践、设置学术规则、进行价值判断、引领社会发展。综观古今中外，没有任何一个国家和民族，可以通过简单套用别人的制度和模式得到发展、获得成功。简单机械地套用西方的学术概念和话语体系来解释中国道路、分析中国问题、预测中国发展，没有出路。习近平总书记对此进行了深入系统的论述，他提出我们一定要讲好中国故事，既要从中国传统文化、历史发展、文明成果等角度来讲，这种讲法更容易让人了解中国的深厚底蕴和文化特色；也要从当代中国社会经济的快速发展来讲，这种讲法更容易引起人们的时代认知和利益共鸣。

在话语体系创新和国际学术交流方面，我们的前人已经做了许多工作。例如，著名学者萧公权就是 20 世纪中国政治学界最有影响力的学者之一，是享誉海内外的著名政治学家、历史学家。他“融合中西两个伟大传统的精华”，在青年时代就深入研究西方政治思想，在这一研究中表现出了“创造性的灼见”；在壮年时代则倾注心血撰写出了不朽的政治学巨著——《中国政治思想史》，展示了他“自辟蹊径的史识”，这部著作虽经数十年，但依然是政治学专业的必读书。萧公权先生毕生从事政治学、历史学研究，尤其是政治思想史的教学和研究，为相关学科在中国的发展做出了卓越的贡献。萧公权先生还是较早推动中国学术、中国文化“走出去”的实践者和先驱。应该说，中国政治学研究能够得到世界范围内的学术认可，萧公权先生功不可没。他的博士论文《政治多元论》于1926年在伦敦出版，得到了国际政治学界的高度评价，有力地推动了学术话语“中国化”和“走出去”。他的研究立足百年来中国文化之变局，深入西方学术领域，在中西新旧各种学问之间加以折中、融会，形成了一种具有中国文化传统特征的话语体系、学术范式，显示出中国学术的独特风格；他的著作以现代西方政治理论、中西方政治思想、中国传统社会的政治结构等为主要研究对象，其治学方法自成一格，使政治学研究在方法和视角上超越西方学者的局限，以独特的视角和功底给美国的中国研究带去一片新气象。

在中国知识体系构建的过程中，两岸学者和出版界的交流与合作显得尤为重要。学者郑永年教授2011年发表文章指出，亚洲各国普遍缺少知识体系，近代的社会科学是西方建立的，东方国家历史上没有建立社会科学。亚洲国家在知识体系上都是被西方“殖民”，精英学者都是受西方教育，没有意识来改造西方知识体系，更无意识来确立自己的知识体系。现在看来，建立亚洲知识体系的希望在中国。他的理由是中国具有世界最大的研究群体，来自政府等渠道的研究经费充裕，中国的学术市场足够大，更重要的是中国经济崛起及主流社会科学界的无限兴趣。中国是当代社会科学研究最大的实验场所，中国的发展经验也可以检验现存社会科学概念和理论。这些观点都是很有见地的，很值得两岸学术界和出版界掩卷深思，更需要两岸学术界和出版界奋起直追。

世界需要了解中国，中国也需要世界的了解。两岸出版界的同人们，不要因为我们的不努力，丢掉了这个历史机遇！正像习近平总书记所指出的：“两岸是不可分割的命运共同体。民族强盛，是两岸同胞之福；民族弱乱，是两岸同胞之祸。”“实现中华民族伟大复兴，台湾同胞定然不会缺席。”[①]

---

① 习近平．习近平谈治国理政：第2卷．北京：外文出版社，2017：432.

第六章

建立公平正义的全球治理体系

6 建立公平正义的全球治理体系

中国为什么积极主张提升中国和发展中国家的国际话语权？为什么积极参与国际话语体系构建？根本原因就是要推动建立公平正义的全球治理体系，为世界各国特别是广大发展中国家赢得公平参与、平等对话的权利。2018 年 6 月，习近平同志在中央外事工作会议上就我国的对外工作进行了深入阐述，他指出："我国对外工作要坚持以新时代中国特色社会主义外交思想为指导，统筹国内国际两个大局，牢牢把握服务民族复兴、促进人类进步这条主线，推动构建人类命运共同体，坚定维护国家主权、安全、发展利益，积极参与引领全球治理体系改革，打造更加完善的全球伙伴关系网络，努力开创中国特色大国外交新局面，为全面建成小康社会、进而全面建设社会主义现代化强国创造有利条件、作出应有贡献。"①

一、全球治理体系的历史与演变

全球治理理念和行动产生很早，但是作为一个概念则出现得比较晚。最早提出全球治理问题的是 1972 年罗马俱乐部发表的报告《增长的极限：罗马俱乐部关于人类困境的报告》。1990 年联邦德国总理、社会党国际主席维利·勃兰特（Willy Brandt）将其作为一种理论体系提了出来。这一理论体系主要是针对世界多极化趋势而提出来的，旨在探索对全球事务进行共同管理。1995 年，全球治理委员会发表《天涯成比邻：全球治理委员会的报告》，该报告对此进行了较为系统的论述，全球治理理论更加系统。此后，全球治理理念越来越被国际社会特别是广大发展中国家所接受，在面对冷战之后世界多极化趋势的挑战中，全球治理体系成为发达国家和发展中国家都纷纷希望参与的重要协调机制。"全球政治经济格局体现为全球主要国家的政治经济实力的对比关系，是决定国际关系、国际形势和全球治理体系的基础和关键。"②

---

① 习近平．习近平谈治国理政：第 3 卷．北京：外文出版社，2020：426.

② 国家发展和改革委员会国际合作中心对外开放课题组．中国对外开放 40 年．北京：人民出版社，2018：248.

中国关注和参与全球治理事务，是从 1978 年党的十一届三中全会揭开中国改革开放历史序幕之后开始的。随着中国对外开放的不断扩大，中国不仅积极参与到全球治理体系之中并发挥着日益重要的作用，而且对于全球治理体系改革也贡献了中国智慧、中国立场、中国方案。中国在全球治理领域的建议和主张，越来越受到国际社会的关注，中国在全球治理体系改革的话语权越来越大。

中国改革开放 40 多年来，全球治理体系的演变经历了这样几个阶段：

（一）美苏两强格局和全球治理的提出

中国改革开放之初所面临的仍然是第二次世界大战后形成的以美苏两个超级大国称霸为特征、资本主义阵营与社会主义阵营严重对峙的世界格局。美苏两个超级大国的全方位竞争使两个阵营的鸿沟日益加深，这种严重分裂的世界也加剧了两个超级大国严重的军备竞争，广大发展中国家在非此即彼的国际对立环境中艰难生存。从美苏两个超级大国的竞争历程来看，在第二次世界大战后的 20 世纪 50 年代和 60 年代初期，美苏两个超级大国的严重对峙还代表着资本主义与社会主义两种发展道路、两种制度选择、两种世界格局的竞争，社会主义国家相继开展了与资本主义国家的发展竞赛。1957 年苏联提出的赶上和超过美国的奋斗目标，中国提出的赶上和超过英国的奋斗目标，都充分体现了社会主义发展的勃勃生机。而进入 20 世纪 60 年代后期，随着苏联霸权主义的加剧，社会主义阵营内部国家关系发生了变化，美苏两个超级大国的严重对峙逐渐演变为两个庞大利益集团的竞争。也正是此时，毛泽东深刻分析了这种世界格局变化，提出了“三个世界”理论，号召世界各国人民团结起来，反对美苏霸权主义。

美苏争霸世界的“均衡”状况则是在 20 世纪 80 年代被打破的。“苏联陷入阿富汗战争的泥潭，同时苏联支持的越南在柬埔寨也陷入困境；长期的军备竞赛使苏联军费支出畸高，拖垮了国民经济，此时的苏联经济增长缓慢、国内问题重重，在与美国争霸时已显得力不从心。而此时的美国经过了十年左右的调整战略，已经甩掉了越战的包袱，经济逐渐回升。”[①] 正是由于这种两强对峙的格局的松动和失衡，许多全球性问题和挑战日益显露出来，向各国提出了要思考和解决的全球治理问题和全球治理体系问题，这也就为提出全球治理和全球治理体系提供了可能。

（二）美国称霸与全球治理形成时期

从一定意义上讲，全球治理和全球治理体系是对美苏两强控制世界格局的替代方案和替代体系。随着冷战格局的结束，世界格局发生了二战以后最重大的分化和改组，世界进入“一超多强”时期。所谓“一超”就是美国成为唯一的超级大国，美国在全球治理和全球治理体系中的主导权和话语权没有其他国家可以替代；所谓“多强”就是在美国之外的西方主要资本主义国家和中国、俄罗斯等国家形成的多个有重要影响的国家力量。可见，“一超多强”使以美国为首的西方国家不仅获得了更大的国际事务主导权和发言权，而且获得了在国际舞台上更大的话语权和话语制定权。美国等西方国家在赢得对苏联和东欧原社会主义国家的绝对优势之后，在得意之余并没有放弃对实行中国特色社会主义的中国施加政治压力和进行经济制裁。事实说明，在这个问题上它们的确打错了算盘。

在中国特色社会主义与西方资本主义共存时代，两种制度之间要么是和平共存要么是竞争共存，这两种共存状态是贯穿始终的历史主线。不因为两种制度的和平共存而消弭了二者之间的竞争共存，也不因为两种制度的竞争共存而排除二者之间的和平共存，两种制度之间总是存在着和平共存与竞争共存的复杂关系，在特定的历史时期，竞争关系还有可能会激化，竞争共存还有可能会上升为主要的共存状态。在中国对外开放进程中，国际上始终存在着影响这两种制度和平共存与竞争共存此消彼长的因素。西方资本主义国家十分明确地知道这一点，它们发展与

① 国家发展和改革委员会国际合作中心对外开放课题组. 中国对外开放40年. 北京：人民出版社，2018：249.

中国的经济贸易关系从根本上是服从并服务于它们自身的政治和经济需要的。20世纪80年代末90年代初，以美国为代表的西方资本主义国家开始了密集的对各社会主义国家的渗透和颠覆。特别是由于苏联地位和作用的削弱，美苏两大阵营之间的力量均衡被打破，世界进入更加不稳定的时期。以美国为首的西方国家的霸权主义和强权政治又有新的表现，它们支持苏联东欧国家的“颜色革命”，采取“制裁”“打压”中国的行动。中国共产党和中国人民成功顶住了来自外部的严峻压力和挑战，捍卫了中国特色社会主义伟大事业。

被誉为中国改革开放总设计师的邓小平对此更是保持着高度警惕，他反复告诫人们：无论是在“有硝烟”的“世界大战”还是在“无硝烟”的“世界大战”中，中国都不能输。他以其钢铁般的意志始终坚持党的基本路线不动摇，始终坚持对外开放不能丧失中国人民根本利益不动摇，“中国的事情要按照中国的情况来办，要依靠中国人自己的力量来办。独立自主，自力更生，无论过去、现在和将来，都是我们的立足点”。“任何外国不要指望中国做他们的附庸，不要指望中国会吞下损害我国利益的苦果。”[①] 无论是在我国改革开放顺利的时候还是遭遇困难的时候，邓小平都坚定地坚持从中国社会主义根本利益出发的立场。他告诫人们要保持对有中国特色社会主义的高度自信，要保持对西方“和平演变”的坚决抵制。他坚定地坚持中国特色社会主义道路，“要坚定不移地执行党的十一届三中全会以来制定的一系列路线、方针、政策，要认真总结经验，对的要继续坚持，失误的要纠正，不足的要加点劲”[②]。他提醒人们坚决反击西方“和平演变”的图谋，“西方世界确实希望中国动乱。不但希望中国动乱，也希望苏联、东欧都乱。美国，还有西方其他一些国家，对社会主义国家搞和平演变”[③]。美国就是要“打一场无硝烟的世界大战。我们要警惕”[④]。“中国不搞社会主义不行，不坚持社

① 邓小平．邓小平文选：第3卷．北京：人民出版社，1993：3.
② 同①308.
③ 同①325.
④ 同①325-326.

会主义不行。如果没有共产党的领导，不搞社会主义，不搞改革开放，就呜呼哀哉了，哪里能有现在的中国?”① 中国共产党对于世界社会主义运动始终抱有坚定的信心，正如江泽民所说：“目前，世界社会主义处于低潮，但并不像有的人说的那样——社会主义已经崩溃。”“我们就是要以实际的最好的社会主义建设成果来回答人们对社会主义前途的忧虑。”②

（三）全球治理和全球治理体系改革呼声高涨时期

“一超多强”的世界格局使以美国为首的西方国家在国际事务中发挥了重要作用，但是这种“一超多强”格局并没有给世界带来人们希望看到的有利于世界各国特别是有利于广大发展中国家发展的变化。人们看到的是，以美国为首的西方资本主义体系与广大发展中国家的贫富分化正在加剧，发展中国家的发展空间正在缩小，源于西方资本主义体系的经济剥削不断加深。特别是 2008 年爆发的世界金融危机更是加剧了广大发展中国家的经济困难。中国坚决捍卫国家和人民的利益，坚决维护广大发展中国家的利益，积极推动全球治理和全球治理体系朝着更加体现公平正义方向的改革。诚如中国政府领导人申明的：“中国这一票永远属于发展中国家。”

中国有关全球治理和全球治理体系改革主张的理论基础是习近平外交思想。习近平在 2018 年 6 月专门论述了新时代中国特色社会主义外交思想，总结了中国外交工作从党的十八大以来取得的重大理论创新和实践创新，向世界表达了中国对世界经济政治发展所采取政策的基本理论依据和基本战略判断。这个思想的精髓要义是：坚持以维护党中央权威为统领加强党对对外工作的集中统一领导，坚持以实现中华民族伟大复兴为使命推进中国特色大国外交，坚持以维护世界和平、促进共同发展为宗旨推动构建人类命运共同体，坚持以中国特色社会主义为根本增强战

① 邓小平．邓小平文选：第 3 卷．北京：人民出版社，1993：326.
② 江泽民．江泽民文选：第 1 卷．北京：人民出版社，2006：135.

略自信，坚持以共商共建共享为原则推动“一带一路”建设，坚持以相互尊重、合作共赢为基础走和平发展道路，坚持以深化外交布局为依托打造全球伙伴关系，坚持以公平正义为理念引领全球治理体系改革，坚持以国家核心利益为底线维护国家主权、安全、发展利益，坚持以对外工作优良传统和时代特征相结合为方向塑造中国外交独特风范①。这是一个科学完整的思想体系，从统领、使命、宗旨、根本、原则、基础、依托、理念、底线、方向等十个方面系统阐述了新时代中国的外交工作理论，是中国在国际舞台上提出中国方案、中国主张的根本依据。

习近平同志在向国际社会介绍中国共产党时，更是充满信心地指出：“中国共产党是为中国人民谋幸福的党，也是为人类进步事业而奋斗的党。中国共产党是世界上最大的政党。”“中国共产党所做的一切，就是为中国人民谋幸福、为中华民族谋复兴、为人类谋和平与发展。我们要把自己的事情做好，这本身就是对构建人类命运共同体的贡献。我们也要通过推动中国发展给世界创造更多机遇，通过深化自身实践探索人类社会发展规律并同世界各国分享。我们不‘输入’外国模式，也不‘输出’中国模式，不会要求别国‘复制’中国的做法。”②

中国不仅在国际舞台上积极主张以公平正义理念对全球治理体系进行改革，而且以多种方式积极参与全球治理体系，得到了国际社会的积极评价。例如，中国从 1990 年开始参与联合国维和行动并做出了积极的贡献，成为中国国家话语权和国际话语权的突出代表。1990 年 4 月，中国应联合国邀请向停战监督组织派出了 5 名军事观察员，开始了中国军队参加联合国维和行动的历程。1992 年 4 月，中国向联合国柬埔寨临时权力机构派出由 400 名官兵组成的维和工程兵大队，承担机场、桥梁维修任务。至今，中国军队先后参加 25 项联合国维和行动，累计派出维和官兵达 4 万余人次，足迹遍布柬埔寨、刚果（金）、利比里亚、苏丹、黎巴嫩、塞浦路斯、南苏丹、马里、中非等 20 多个国家和地区。

① 习近平．习近平谈治国理政：第 3 卷．北京：外文出版社，2020：427.

② 同①436.

30 年来，累计向柬埔寨、刚果（金）等 8 个维和任务区派遣 111 支工兵分队 25 768 人次，累计新建和修复道路 1.7 万多千米、桥梁 300 多座，排除地雷及未爆炸物 1.4 万余枚；向利比里亚、苏丹 2 个任务区派遣 27 支运输分队 5 164 人次，累计运送物资器材 120 万余吨，运输里程 1 300 万余千米；向黎巴嫩、南苏丹等 6 个任务区派遣 85 支医疗分队 4 259 人次，累计接诊救治病人、抢救伤员 24.6 万余人次；向苏丹达尔富尔派遣 3 支直升机分队 420 人次，累计飞行 1 602 架次、1 951 小时，运送人员 10 410 人次、物资 480 余吨①。目前，中国是联合国第二大维和摊款国和会费国，是安理会常任理事国第一大出兵国。中国以实际行动为维护世界和平、促进共同发展做出积极贡献。中国军队也在维和行动中和全世界面前彰显了和平之师、正义之师、文明之师的形象。

二、积极参与引领全球治理体系改革

当今世界的全球治理体系是在第二次世界大战后确立起来的，一定程度上反映了战后资本主义阵营和社会主义阵营各主要国家的利益和诉求，促进并维持了战后各主要国家的经济社会发展。20 世纪 90 年代初经历了冷战格局结束的震荡，这一秩序在以美国为首的西方国家的主导下进行了重大调整，更多地体现了以美国为首的西方国家的利益和诉求，比较严重地忽视了广大发展中国家的利益和诉求。从总体上讲，这一秩序对于当今世界经济发展和世界各国经济社会进步的推动作用还是主要的。但这并不是说，现行的全球治理体系就不需要调整和改革了。

（一）中国等国家捍卫联合国治理体系的努力

针对联合国未来的发展之路，习近平同志强调指出《联合国宪章》

① 中国军队参加联合国维和行动 30 年. 人民日报，2020-09-19 (5).

仍然是世界和平与发展的重要保障。

针对联合国应如何发挥好自己的作用，习近平同志提出了四点建议。

第一，主持公道。大小国家相互尊重、一律平等是时代进步的要求，也是《联合国宪章》的首要原则。任何国家都没有包揽国际事务、主宰他国命运、垄断发展优势的权力，更不能在世界上我行我素，搞霸权、霸凌、霸道。单边主义没有出路，要坚持共商共建共享，由各国共同维护普遍安全，共同分享发展成果，共同掌握世界命运。要切实提高发展中国家在联合国的代表性和发言权，使联合国更加平衡地反映大多数国家利益和意愿。这就是针对当前世界范围内严重存在的霸权主义、霸凌政策、霸道作风，日益严重的单边主义和包括“美国第一”的行为与价值，提出要充分发挥联合国的作用，切实提高发展中国家的代表性和发言权，只有这样才能为全世界各国和人民创造一个美好的未来。

第二，厉行法治。《联合国宪章》的宗旨和原则是处理国际关系的根本遵循，也是国际秩序稳定的重要基石，必须毫不动摇地加以维护。各国关系和利益只能以制度和规则加以协调，不能谁的拳头大就听谁的。大国更应该带头做国际法治的倡导者和维护者，遵信守诺，不搞例外主义，不搞双重标准，也不能歪曲国际法，以法治之名侵害他国正当权益、破坏国际和平稳定。这就是针对美西方一些国家以自身的利益和原有的世界治理体系为依据，对《联合国宪章》宗旨和原则横加干预，任意破坏和违背国际法准则，尤其是以武力干涉他国内政，提出只有以《联合国宪章》宗旨和原则为根本遵循来处理国际关系，才能筑牢国际秩序稳定的重要基石，才能维护世界治理体系的稳定。

第三，促进合作。促进国际合作是联合国成立的初衷，也是《联合国宪章》的重要宗旨。靠冷战思维，以意识形态划线，搞零和游戏，既解决不了本国问题，更应对不了人类面临的共同挑战。我们要做的是，以对话代替冲突，以协商代替胁迫，以共赢代替零和，把本国利益同各国共同利益结合起来，努力扩大各国共同利益汇合点，建设和谐合作的国际大家庭。这就是针对美西方国家日益防范、抑制甚至打压包括中国在内的广大发展中国家的事实，提出建立更加公平合理的国际政治经济秩序，发达国家有责任和义务帮助发展中国家发展经济，摆脱贫困，共享我们这个时代的物质文明成果。

第四，聚焦行动。践行多边主义，不能坐而论道，而要起而行之，不能只开药方，不见疗效。联合国要以解决问题为出发点，以可视成果为导向，平衡推进安全、发展、人权，特别是要以落实《2030 年可持续发展议程》为契机，把应对公共卫生等非传统安全挑战作为联合国工作的优先方向，把发展问题置于全球宏观框架突出位置，更加重视促进和保护生存权和发展权。这就是针对美西方一些国家无视联合国的存在，甚至以“退群”相要挟的状况，提出要对世界存在的各种问题进行分类，突出工作重点，把准工作方向，特别是要把发展问题作为重中之重，更加重视和保护生存权和发展权。

中国是第一个在《联合国宪章》上签字的国家，是联合国创始会员国，也是联合国安理会常任理事国中唯一一个发展中国家。习近平同志指出：“我们将始终做多边主义的践行者，积极参与全球治理体系改革和建设，坚定维护以联合国为核心的国际体系，坚定维护以国际法为基础的国际秩序，坚定维护联合国在国际事务中的核心作用。”① 这三个“坚定维护”充分表达了中国对于世界话语体系和世界治理体系的坚定立场。

（二）以公平正义理念改革全球治理体系

当前全球治理体系是基于西方国家的价值体系的，其经济交往规则和政治评价规则对于广大发展中国家和其他文明国家来说，不仅很少得到应有的支持保障，而且不断受到这一秩序的批评指责，甚至一些原则和规则损害了发展中国家的利益和诉求，使长期存在的掠夺和牺牲广大发展中国家利益的做法大行其道。今天，需要根据发展了的新情况改革全球治理体系，使包括中国在内的广大发展中国家和群体有与自身国际

---

① 习近平．在联合国成立 75 周年纪念峰会上的讲话．人民日报，2020-09-22（2）．

地位相适应的话语权。当今世界面临着许多挑战，诸如打击恐怖主义、国际裁军事务、限制核武器和生化武器、环境保护和治理、防止艾滋病和毒品、世界粮食安全、能源问题等国际事务，只有最大多数国家的参与才有利于问题的解决。许多发展中国家期待中国在改革全球治理机制中发挥重要作用，期待中国提出更多促进全球治理体系变革的理念、规则、机制，这都要求中国在积极参与全球治理体系过程中不断创新形成新的理念、规则、机制。

当今世界面临的世界性问题越来越多，各种国际事务的解决需要更多国家的参与，这就要求改革现有的全球治理和全球治理体系，更加突出中国主张的以公平正义为理念进行改革的要求。这里所说的公平，就是要更多听取世界各国特别是发展中国家的声音和诉求，使世界上每一个国家都有平等参与国际事务的权利，都有平等的发言权，不能以强凌弱、以多胜少，不能以富欺贫、排斥打压。这里所说的正义，就是要更多反映世界各国人民的实际需要和诉求，体现人类共同价值所要求的正当要求，不能在国际事务中实行“丛林法则”、争强斗狠。

在当今国际舞台上，中国不仅从理论体系上透彻阐明了中国的原则立场和根本遵循，而且在实际政策对策上也对不同国际事务提出了许多极富创新价值的建议。2017 年 1 月，习近平同志在世界经济论坛 2017 年年会开幕式上系统论述了中国对全球治理和全球治理体系的建议。首先，他分析和概括了当今世界存在的各种问题和挑战，这些问题不是经济全球化带来的后果。“一方面，物质财富不断积累，科技进步日新月异，人类文明发展到历史最高水平。另一方面，地区冲突频繁发生，恐怖主义、难民潮等全球性挑战此起彼伏，贫困、失业、收入差距拉大，世界面临的不确定性上升。”有不少人将这一系列问题都归结于经济全球化，过去人们将其作为藏有宝藏的“阿里巴巴山洞”，现在又将其作为藏有魔鬼的“潘多拉盒子”。其次，他明确提出了中国的分析结论，那就是“困扰世界的很多问题，并不是经济全球化造成的”，而是现代资本主义体系造成的。“过去几年来，源自中东、北非的难民潮牵动全球，数以百万计的民众颠沛流离，甚至不少年幼的孩子在路途中葬身大海，让我们痛心疾首。导致这一问题的原因，是战乱、冲突、地区动荡。解决这一问题的出路，是谋求和平、推动和解、恢复稳定。”“国际金融危机也不是经济全球化发展的必然产物，而是金融资本过度逐利、金融监管严重缺失的结果。把困扰世界的问题简单归咎于经济全球化，既不符合事实，也无助于问题解决。”再次，他介绍了中国在融入经济全球化进程中的切身感受，畅谈了中国的经验和做法，那就是不惧怕任何压力和风险，敢于应对挑战。“中国对经济全球化也有过疑虑，对加入世界贸易组织也有过忐忑。但是，我们认为，融入世界经济是历史大方向，中国经济要发展，就要敢于到世界市场的汪洋大海中去游泳，如果永远不敢到大海中去经风雨、见世面，总有一天会在大海中溺水而亡。所以，中国勇敢迈向了世界市场。在这个过程中，我们呛过水，遇到过漩涡，遇到过风浪，但我们在游泳中学会了游泳。”最后，他表达了对经济全球化的中国观点，那就是后退没有出路。想人为切断各国经济的资金流、技术流、产品流、产业流、人员流，让世界经济的大海退回到一个一个孤立的小湖泊、小河流，是不可能的，也是不符合历史潮流的。人类历史告诉我们，有问题不可怕，可怕的是不敢直面问题，找不到解决问题的思路。面对经济全球化带来的机遇与挑战，正确的选择是，充分利用一切机遇，合作应对一切挑战，引导好经济全球化走向①。

2018 年 11 月 17 日，习近平主席在亚太经合组织工商领导人峰会上发表主旨演讲，继续申明中国的立场。全球经济治理体系要想公平有效，必须跟上时代。我们应该秉持共商共建共享理念，推动全球经济治理体系变革。变革过程应该体现平等、开放、透明、包容精神，提高发展中国家代表性和发言权，遇到分歧应该通过协商解决，不能搞小圈子，不能强加于人。“历史告诉我们，如果走上对抗的道路，无论是冷战、热战还是贸易战，都不会有真正的赢家。国与国只要平等相待、互

① 习近平．习近平谈治国理政：第 2 卷．北京：外文出版社，2017：476-478.

谅互让，就没有通过协商解决不了的问题。”[①] 中国关于全球治理和全球治理体系改革的建议正在发挥积极的影响，赢得越来越多国家的理解和支持。

(三) 文明交流互鉴是全球治理体系的新特点

改革全球治理和全球治理体系必须树立科学全面的文明观。

我们没有权利对各种不同的文明形态进行等级划分，或者说我们不可能也不能说哪一种文明是高等级的文明，哪一种文明是低等级的文明。但是在文明研究中的偏见和歧视还是随处可见的，或许是出于无意的认知，或许是出于有意的贬损。亨廷顿在分析战后各种文明对于各个不同国家的影响时说：“哲学假定、基本价值、社会关系、习俗以及全面的生活观在各文明之间有重大的差异。遍及世界大部分地区的宗教复兴正在加强这些文化差异。文化可以改变，它们的性质对政治和经济的影响可能随时期的不同而不同。但是，文明之间在政治和经济发展方面的重大差异显然植根于它们不同的文化之中。东亚经济的成功有其东亚文化的根源，正如在取得稳定的民主政治制度方面东亚社会所遇到的困难有其文化根源一样。伊斯兰文化在很大程度上解释了为什么民主未能在大部分伊斯兰世界中出现。后共产主义的东欧社会和苏联的发展受到了其文明认同的影响。那些具有西方基督教遗产的国家正在取得经济发展和民主政治的进步；东正教国家的经济和政治发展前景尚不明朗；而各穆斯林共和国的前景则很暗淡。西方是而且在未来的若干年里仍将是最强大的文明。”[②] 在亨廷顿的分析框架里，文明实际上是有高下之分的。

在弗朗西斯·福山（Francis Fukuyama）的研究视域中，更是将西方民主制度作为一种最好的国家政治制度选择，在东欧国家出现社会制度演变和苏联解体、冷战结束之后，福山一度认为西方民主制意味着人

① 习近平. 习近平谈治国理政：第3卷. 北京：外文出版社，2020：459.

② 亨廷顿. 文明的冲突与世界秩序的重建：修订版. 周琪，等译. 北京：新华出版社，2010：7.

类政治史的终结。他将中国归为“非民主”的政体，认为“在非民主的替代型政体中，对自由民主制是普遍进化模型的观点，提出最严重挑战的是中国”。“中国有着两千多年的强大中央集团政府传统，也是少数几个从未发展出本土法治传统的国家层次社会之一。中国复杂丰富的传统，以儒家道德代替正式的程序规则，对统治者实施一定的约束。这个传统也被遗赠给其他东亚政治体，成为第二次世界大战后日本、韩国取得成功的一个重要资源。”他甚至质疑“跟王朝时代的中国一样，自上而下的智慧和控制的体系能否跟上社会的实际步伐”[①]。在福山那里，中国似乎天然地与民主制度没有关系，他眼中的民主制度就是西方的民主制度。据报道，他在解释最近面临世界范围的新冠肺炎疫情时各个国家的表现时，面对中国疫情防控有效的事实，却仍然不愿意从政治制度的角度来解释，而将之归结为国家能力而不是制度优劣。也就是说，在他看来，中国防治新冠肺炎疫情成效突出，是由于中国的国家能力强，而非中国的政治制度好。这种观点中的文明差别观溢于言表。

中国主张全球治理和全球治理体系改革就是要充分吸收世界各种文明的有益部分，共同构成全球治理的文明基础。2014 年 3 月，习近平同志在联合国教科文组织总部的演讲中提出了中国崭新的文明观，引起了国际社会的强烈反响和积极回应。他提出：“文明因交流而多彩，文明因互鉴而丰富。文明交流互鉴，是推动人类文明进步和世界和平发展的重要动力。”他提出了中国对于推动文明交流互鉴所坚持的正确态度和原则。

一是坚持世界文明是丰富多彩的态度和原则。习近平同志指出：“人类文明因多样才有交流互鉴的价值。阳光有七种颜色，世界也是多彩的。一个国家和民族的文明是一个国家和民族的集体记忆。人类在漫长的历史长河中，创造和发展了多姿多彩的文明。从茹毛饮血到田园农耕，从工业革命到信息社会，构成了波澜壮阔的文明图谱，书写了激荡人心的文明华章。‘一花独放不是春，百花齐放春满园。’如果世界上只

① 福山．政治秩序与政治衰败：从工业革命到民主全球化．毛俊杰，译．桂林：广西师范大学出版社，2015：495，496.

有一种花朵，就算这种花朵再美，那也是单调的。不论是中华文明，还是世界上存在的其他文明，都是人类文明创造的成果。”“文明交流互鉴不应该以独尊某一种文明或者贬损某一种文明为前提。”“推动文明交流互鉴，可以丰富人类文明的色彩，让各国人民享受更富内涵的精神生活、开创更有选择的未来。”

二是坚持各种文明是平等的态度和原则。习近平同志指出：“人类文明因平等才有交流互鉴的前提。各种人类文明在价值上是平等的，都各有千秋，也各有不足。世界上不存在十全十美的文明，也不存在一无是处的文明，文明没有高低、优劣之分。”“要了解各种文明的真谛，必须秉持平等、谦虚的态度。如果居高临下对待一种文明，不仅不能参透这种文明的奥妙，而且会与之格格不入。历史和现实都表明，傲慢和偏见是文明交流互鉴的最大障碍。”

三是坚持各国文明是包容的态度和原则。习近平同志指出：“人类文明因包容才有交流互鉴的动力。海纳百川，有容乃大。人类创造的各种文明都是劳动和智慧的结晶。每一种文明都是独特的。在文明问题上，生搬硬套、削足适履不仅是不可能的，而且是十分有害的。一切文明成果都值得尊重，一切文明成果都要珍惜。历史告诉我们，只有交流互鉴，一种文明才能充满生命力。只要秉持包容精神，就不存在什么‘文明冲突’，就可以实现文明和谐。”

正像习近平同志所期待的那样，我们应该从不同文明中寻求智慧、汲取营养，为人们提供精神支撑和心灵慰藉，携手解决人类共同面临的各种挑战。世界上有 200 多个国家和地区，2 500 多个民族和多种宗教。如果只有一种生活方式，只有一种语言，只有一种音乐，只有一种服饰，那是不可想象的。当今世界，人类生活在不同文化、种族、肤色、宗教和不同社会制度所组成的世界里，各国人民形成了你中有我、我中有你的命运共同体。

中国崭新的文明观充分展现中华文明的文化自觉与文化自信，也必将推动中华文明与世界其他文明以及世界不同文明间的交流与融合，是处理不同文明交流互鉴的根本态度和原则。这种文明观实现了对以往各种文明观包括资本主义文明观的超越，是建立在批判继承以往人类各种文明观的基础之上的，是在承认不同文明存在差异的前提下更强调文明之间的交流与互鉴，提出一条不同文明间共存、共生、共荣的人类文明发展之路，将为全球治理和全球治理体系改革提供强大的文化动力。

三、维护世界和平、促进共同发展

经济全球化是当今世界的必然发展趋势，尽管来自以美国为首的西方国家的种种质疑之声从来就没有停歇过，但全球化趋势仍然十分强劲。从一定意义上说，是维护和支持经济全球化还是反对和瓦解经济全球化，已经成为国际社会中少数西方国家同广大发展中国家进行激烈争论的话题了。少数西方国家从以往的经济全球化中获得了巨大的利益，而今天则不愿意看到广大发展中国家从经济全球化中获得什么好处。正因如此，经济全球化领域的话语权之争也表现得格外尖锐。

在一些西方经典论著中，全球化被描述为一种不断增进的世界文明一体化过程。20 世纪 70 年代，全球化是指具有明确边界的国家之间日益增强的相互依赖性。而在当今经济条件下，全球化开始强调国家之间在社会、政治和经济组织等深层次上的一体化。一些有关全球化的评价指标包括了价格评价、行为影响、世界文化、意识形态等，国际货币基金组织、世界银行、世界贸易组织都是推进全球化的重要国际组织，一些区域经济组织和集团如欧盟、北美自由贸易协定等都加强了全球化趋势。此外，国际投资、跨国公司及国际经济协调机制也都有效地推动着经济全球化的发展①。

---

① 沃纳. 国际工商管理百科全书：第 3 卷. 2 版. 北京：中国人民大学出版社，2008：1968-1979.

中国是经济全球化的积极推动者，是国际社会中反对保护主义、单边主义的重要力量。

（一）倡导公平、开放、全面、创新的发展之路

在推动经济全球化进程中，中国也在不断地丰富着对发展的理解，使发展更能反映时代的进步和人类认识的深化。

2007 年亚洲开发银行首次提出包容性增长，它是指寻求社会和经济协调发展、可持续发展的增长方式，它倡导机会平等的增长，强调公平合理地分享经济增长。其内容包括：让更多的人享受全球化成果；保护弱势群体并使其获得增长益处；加强对中小企业和个人的能力建设；保持经济增长过程中各方面的平衡发展；保护投资和贸易自由化，反对保护主义；等等。2011 年 4 月，胡锦涛在博鳌亚洲论坛 2011 年年会开幕式的主旨演讲中，首次提出包容性发展问题。“包容性发展”源于“包容性增长”，其内涵比起“包容性增长”更为广泛，包括了人与人、人与社会、人与自然的和谐，充分借鉴了有关人类发展指数、社会发展指数、社会福利指数、幸福指数等概念，是科学发展观在发展问题上的集中体现。

2015 年 9 月，习近平同志出席联合国发展峰会并发表讲话。他提出，国际社会要以 2015 年后发展议程“为新起点，共同走出一条公平、开放、全面、创新的发展之路，努力实现各国共同发展”，并系统地论述了中国倡导的这一公平、开放、全面、创新的发展之路，指出：“我们要争取公平的发展，让发展机会更加均等。”各国能力和水平有差异，在同一目标下，应该承担共同但有区别的责任。“要完善全球经济治理，提高发展中国家代表性和发言权，赋予各国平等参与规则制定的权利。我们要坚持开放的发展，让发展成果惠及各方。各国要共同维护多边贸易体制，构建开放型经济，实现共商、共建、共享。我们要追求全面的发展，让发展基础更加坚实。”要维护社会公平正义，保证人人享有发展机遇、享有发展成果。要努力实现经济、社会、环境协调发展，实现人与社会、人与自然和谐相处。“我们要促进创新的发展，让发展潜力

充分释放。各国要以改革创新激发发展潜力，增强增长动力，培育新的核心竞争力。”为此，国际社会要加强合作，增强各国发展能力，改善国际发展环境，优化发展伙伴关系，健全发展协调机制。

开放带来进步，封闭必然落后。中国促进经济全球化的有效举措包括：一是要努力打造平等协商、广泛参与、普遍受益的区域合作框架，合力构建开放型亚太经济，促进贸易和投资自由化便利化。二是要引导经济全球化朝着更加开放、包容、普惠、平衡、共赢的方向发展，造福不同国家、不同阶层、不同人群。三是要主动适应全球产业分工调整变化，积极引领全球价值链重塑，确立新定位，构筑新优势。四是要支持多边贸易体制，坚持开放的区域主义，帮助发展中国家成员更多从国际贸易和投资中受益。

如何看待当今世界经济全球化？理解这一问题的关键是要准确把握这样两个深刻转变：一是面临着的经济全球化进程的深刻转变。在过去数十年间，经济全球化对整个世界经济的发展做出了重要贡献，经济全球化已经成为不可逆转的时代潮流。但是同时也要看到，面对世界经济形势的发展变化，经济全球化也需要在形式和内容上进行新调整，在理念和机制上更加注重开放包容，在方向和受益面上更加注重普惠平衡，在结果和效应上更加注重公正共赢。二是面临着全球经济治理体系的深刻转变。世界经济格局的演变对全球经济治理体系提出了更高要求，要坚持多边主义，谋求共商共建共享，建立紧密伙伴关系，构建人类命运共同体，这是经济全球化新形势下全球经济治理的必然要求和必然趋势①。

中国是经济全球化的引领者。以实际行动推动经济全球化向纵深发展，我们就必须“坚持对外开放的基本国策，奉行互利共赢的开放战略，遵守和维护世界贸易规则体系，推动经济全球化朝着更加开放、包容、普惠、平衡、共赢的方向发展，让经济全球化进程更有活力、

① 习近平. 抓住世界经济转型机遇 谋求亚太更大发展：在亚太经合组织工商领导人峰会上的主旨演讲. 人民日报，2017-11-11（2）.

更加包容、更可持续，让不同国家、不同阶层、不同人群共享经济全球化的好处”[①]。中国不仅是这么说的，也是这么做的。长期以来，中国为广大发展中国家提供了大量无偿援助、优惠贷款，提供了大量技术支持、人员支持、智力支持，为广大发展中国家建成了大批经济社会发展和民生改善项目。如今，成千上万的中国科学家、工程师、企业家、技术人员、医务人员、教师、普通职工、志愿者等奋斗在众多发展中国家广阔的土地上，同当地民众手拉手、肩并肩，帮助他们改变命运。

（二）积极维护和推动经济全球化

在经济全球化快速发展的同时，“逆全球化”势力也在聚集发声，最近一些年甚至可以说声浪一阵高过一阵。人们或许还记得，1999 年 11 月在美国西雅图举行的世界贸易组织第三次部长级会议期间、2000 年 9 月在捷克首都布拉格举行的世界银行与国际货币基金组织年会期间、2000 年 12 月在法国尼斯举行的欧盟首脑会议期间、2001 年 7 月在意大利热那亚举行的八国峰会期间，都有大批反对全球化的人士举行规模浩大的抗议活动。特别是 2008 年世界金融危机之后，一些过去支持经济全球化甚至主导全球化发展的国家和政治人物，也转向了令人忧虑的“逆全球化”或反全球化的队伍之中。其中，2016 年 6 月英国举行全民公投决定脱离欧盟，暴露出欧盟一体化发展过程中出现的多重困境，使欧洲一体化进程严重受挫；2017 年走马上任的美国前总统特朗普则更是公开反对全球化，执政期间不断要求重新就世界贸易组织进行谈判、大力推行贸易保护主义、在许多国际组织中掀起“退群”风潮，给经济全球化发展和世界经济稳定运行造成了极大的破坏。

有趣的是，过去把经济全球化作为生命一样重视的以美国为首的西方发达国家，现在则视经济全球化为“绳索”和“鸡肋”，把它们过去

---

① 习近平．习近平谈治国理政：第 3 卷．北京：外文出版社，2020：197-198.

天天倡导的经济全球化原则和信条也一股脑儿地抛到了脑后。

“逆全球化”现象之所以不断涌现，因素或原因是多方面的。一是经济全球化没有能很好地解决全球贫富悬殊拉大问题。在经济全球化过程中，发达国家和发展中国家各自国内利益分配极不均衡、国内贫富差距悬殊，全球化带来的自由贸易成果通常也被其国内垄断企业和精英阶层攫取，中小企业和社会中下层人群等弱势群体获益很少。这个问题若不能得到很好的解决，势必会使经济全球化的支持率下降。二是经济全球化没能很好地解决各国的失业问题。国际劳工组织发布的报告显示，2017年全球失业人口超过2亿，最近一年以来又由于新冠肺炎疫情肆虐全球，导致失业人口大幅增加。加之全球产业链、价值链的分工布局，全球生产和外包体系建立，劳动密集型制造业主要分布在广大发展中国家，一定程度上也加剧了发达国家的失业问题，这些失业大军成为反全球化的主要群体。三是经济全球化没有削弱国家民族主义思潮的高涨。经济全球化势必对原有的国家主权形成一定程度的影响，许多由原来国家主权掌控的诸如债务问题、移民问题、难民问题、恐怖袭击问题等，现在政府能够发挥的作用被进一步削弱，这就引发了发达国家的政府和民众的不满情绪上升，他们的政治倾向越来越转向“民族国家”，甚至倾向于种族认同、宗教认同，这就使政府政治整体趋向保守、经济整体趋于内向。四是发达国家逐渐成为“逆全球化”思潮的主要发源地。“逆全球化”和反全球化思潮在发达国家受到越来越多的认可并向全世界传播，以美国为首的一些西方国家不仅没有在经济全球化进程中起到领头羊的作用，反而率先或带头推行单边主义和保护主义政策，这对广大发展中国家造成了严重伤害，同时中国却成为众矢之“的”①。

中国是经济全球化的受益者，也是经济全球化的利益输送者。中国从经济全球化中赢得了发展，取得了显著的成就，同时也给经济全球化

---

① 胡鞍钢，王蔚. 从“逆全球化”到“新全球化”：中国角色与世界作用. 学术界，2017 (3).

主导国家输送了大量实际利益。中国深受经济全球化不公正损害，深知全球化需要带动所有参与者共同发展。党的十八大以来，中国在国际舞台上积极倡导重新认识和定位经济全球化，并形成了一套主张经济全球化的思想理论体系，在经济全球化进程中发挥了重要作用。中国参与经济全球化进程实际上是在“被全球化”的状态下进行的。改革开放之初，中国希望学习和借鉴发达国家的经验，从农村改革入手改革中国自身的经济体制，来自西方的声音就是中国必须打开国门，向世界开放实际上就是向西方开放，给外国资本和商品以更加优惠和开放的市场。伴随着这一过程，西方又在规则上大打中国的主意，集中到一点上就是要求中国遵循关税及贸易总协定（后来发展成世界贸易组织）。经过15年之久的入世谈判，中国终于在多方做出巨大让步的前提下加入了世界贸易组织，中国的让步不算小，其他多方的让步也不小。中国加入世界贸易组织的这些年，运用规则，很好地保护了中国的核心产业、基础产业和战略产业，没有产生人们担心的“依附”关系，而是在这个“被全球化”过程中抓住机遇，快速发展自己，终于发展成为世界第二大经济体。或许今天中国还存在着“被全球化”的困扰甚至是“陷阱”，但关键在于中国必须保持清醒的头脑，审时度势、趋利避害，抓住机遇、主动进取。

美国全球风险情报咨询公司研究顾问阿尔马·迪瓦卡尔曾经这样说：中国通过“一带一路”倡议与中国梦，实现国内外的联结，向世界展示出一种新的发展模式。它关注了中国国内的和谐社会和国际的和平崛起（和平发展），国内的中国梦、中华民族伟大复兴和国际的人类命运共同体。“一带一路”倡议在许多领域还被当作美国领导的自由主义秩序的文化替身，因为中国的“一带一路”联结的不仅仅是经济体，而且是“文明”，它强调在扩展硬实力的同时，也要根据非西方国家的利益调整全球结构。一旦“一带一路”倡议取得成功，那就证实中国不是处在副驾位置，而是在主驾位置上为世界提供一种更好的全球化模式。在新自由主义共识破碎、美国的世界领袖地位不再得到一致认可的背景下，中国应该被更为认真地看作一个迅速发展的规则制定者①。

2017 年 1 月，习近平同志在世界经济论坛 2017 年年会开幕式上系统地阐述了中国对于当今世界经济的看法和解决世界经济发展低迷问题的方案，引起了整个世界的关注。例如，针对世界面临的经济领域三大突出矛盾（全球增长动能不足，难以支撑世界经济持续稳定增长；全球经济治理滞后，难以适应世界经济新变化；全球发展失衡，难以满足人们对美好生活的期待）等问题，他提出了中国的解决方案。这个方案的核心思想就是：第一，坚持创新驱动，打造富有活力的增长模式。世界经济面临的根本问题是增长动力不足，只有敢于创新、勇于变革，才能突破世界经济增长和发展的瓶颈。第二，坚持协同联动，打造开放共赢的合作模式。人类已经成为你中有我、我中有你的命运共同体，利益高度融合，彼此相互依存。要下大力气发展全球互联互通，让世界各国实现联动增长，走向共同繁荣。第三，坚持与时俱进，打造公正合理的治理模式。全球治理体系只有适应国际经济格局新要求，才能为全球经济提供有力保障。第四，坚持公平包容，打造平衡普惠的发展模式。要让发展更加平衡，让发展机会更加均等、发展成果人人共享，就要完善发展理念和模式，提升发展的公平性、有效性、协同性。熟悉中国经济改革与发展的人都可以看出，这也是从中国的改革与发展实践中总结出来的解决问题的思路和方法②。

四、抵制保护主义、单边主义的中国方案

中国是一个负责任的发展中大国，中国经济发展已经成为世界经济增长的主要推动力量之一，尤其是在 1997 年和 2008 年两次区域及世界金融危机中负责任的行动，使中国国家形象和国际影响力空前提高。党

① 引自参考消息，2017 年 7 月 3 日.

② 习近平. 习近平谈治国理政：第 2 卷. 北京：外文出版社，2017：479-482.

的十八大以来，中国在倡导改革全球治理和全球治理体系、共同推进“一带一路”倡议和共建人类命运共同体等方面成为世界的典范，尤其是最近一年多以来应对新冠肺炎疫情的举措又使中国赢得了国际社会的广泛好评。在这种时代背景下，中国更是要通过多种途径打开文化传播中的各种壁垒，高扬中国核心价值体系和人类命运共同体主张，增强国际社会和世界各国人民对中国的认知。没有核心价值和话语体系的传播与认同，就很难很好地维护中国在国际舞台上的影响力、感召力。

2020 年 9 月 4 日，习近平同志在 2020 年中国国际服务贸易交易会全球服务贸易峰会上发表视频致辞时，系统阐述了中国面对当今世界经济格局和世界经济新变化的立场，具有深远的意义和影响。习近平同志指出：“当今世界正在经历百年未有之大变局。新冠肺炎疫情全球大流行使这个大变局加速变化，经济全球化遭遇逆流，保护主义、单边主义上升，世界经济低迷，国际贸易和投资大幅萎缩，给人类生产生活带来前所未有的挑战和考验。同时，我们也要看到，近年来，新一轮科技革命和产业变革孕育兴起，带动了数字技术强势崛起，促进了产业深度融合，引领了服务经济蓬勃发展。”① 为此，他阐述了中国应对变化而坚持的三点基本立场。

（一）坚持国民经济开放体系

中国坚持共同营造开放包容的合作环境。习近平同志指出：“纵观人类社会发展史，世界经济开放则兴，封闭则衰。服务业因其独特的轻资产、软要素等特点，更加需要开放、透明、包容、非歧视的行业发展生态，更加需要各国努力减少制约要素流动的‘边境上’和‘边境后’壁垒，推动跨境互联互通。中国将坚定不移扩大对外开放，建立健全跨境服务贸易负面清单管理制度，推进服务贸易创新发展试点开放平台建设，继续放宽服务业市场准入，主动扩大优质服务进口。中国将积极顺

① 习近平. 在 2020 年中国国际服务贸易交易会全球服务贸易峰会上的致辞. 人民日报，2020-09-05 (2).

应服务贸易发展实际需要，推动多边、区域等层面服务规则协调，不断完善全球经济治理，促进世界经济包容性增长。”

中国为什么必须坚持国民经济开放体系这一国策？一是中国必须大力推动国内国际双开放体系的发展与完善，对外开放的伟大实践和成功经验充分证明，在开放与包容之中才能赢得国家经济社会文化的蓬勃发展和科学技术的高速发展。二是开放才能兴盛，封闭必然衰落，这曾经是以美国为首的西方国家长期信奉的发展“铁律”和不变“信条”，以往的历史表明它们似乎从来没有怀疑过，而且还曾经将其作为成功的模式向世界各国传播。事实上，过去西方国家从这些经验和规则中获得了巨大利益并赢得了实实在在的发展。三是现在那些从中获得巨大利益的西方国家却因为更多的非西方国家从中获益而觉得自己的利益受到了损害，因而开始对自身的开放逐渐丧失了信心。因此，国民经济开放体系成了西方国家诟病的规则了。四是非西方国家的发展给整个世界带来了更加平等和对等的开放格局，中国必须坚持这些基本规则，使国民经济开放体系成为国际上更多国家赢得发展的机遇，反对西方国家在此时此刻改变这些规则。

（二）坚持科技领先、数字引领

中国坚持共同激活创新引领的合作动能。习近平同志指出：“我们要顺应数字化、网络化、智能化发展趋势，共同致力于消除‘数字鸿沟’，助推服务贸易数字化进程。中国将拓展特色服务出口基地，发展服务贸易新业态新模式。中国愿同各国一道，加强宏观政策协调，加快数字领域国际合作，加大知识产权保护，积极促进数字经济、共享经济等蓬勃发展，推动世界经济不断焕发生机活力。”

中国为什么必须坚持科技领先数字引领的战略？一是时代发展总是会提出那个时代的问题和任务，我们今天的时代与以往的巨大区别和不同就是科学技术和数字经济的新发展以及所带来的国家间、社会阶层间的分裂。缩小科学技术和数字经济带来的科技鸿沟、数字鸿沟并促进均衡发展，是新时代的艰巨任务。二是科学技术和数字经济已经不可阻挡，它不是今天的经济制度和规则可以阻止的，对于西方国家来说，它加剧了西方社会的制度失效、管理失能和数字鸿沟，同时也加剧了国家间的发展失衡。对于非西方国家来说，在享受科学技术和数字经济的福利的时候，国家间的差距往往也在拉大。三是中国坚持科技创新领先、数字经济引领的战略，全力促进本国经济持续快速发展；同时，中国高度关注科学技术和数字经济导致的问题和困境，呼吁尽可能运用各种方式和各种政策缩小科技与数字鸿沟。四是中国倡议建立更加合理的国际政治经济秩序和国际经济合作机制，让世界各国都能比较合理公平地分享科学技术和数字经济的巨大福利。

（三）坚持共同发展合作共赢

中国坚持共同开创、互利共赢的合作局面。习近平同志指出："经济全球化背景下，各国经济彼此依存，利益交融前所未有，以诚相待、普惠共享是根本之计。各国要加强服务贸易发展对接，创新合作方式，深化合作领域，积极寻求发展利益最大公约数，不断做大'蛋糕'。中国将充分利用中国国际服务贸易交易会、中国国际进口博览会等各类平台，推动开展政策和经验交流，建立和培育政府间、国际组织、商协会及企业间多样化伙伴关系，支持组建全球服务贸易联盟，不断形成更多务实合作成果，使各国人民共同享有服务贸易增长成果。"

中国为什么必须坚持共同发展合作共赢这一原则？一是推动命运共同体意识深入人心，人类命运共同体理念是新时代中国对世界发展和人类前途的深刻认识和理解，是中国构建 21 世纪更加合理、更加和谐、更加公平的世界秩序的伟大倡议，是中国推动建设惠及人类根本利益的全球治理和全球治理体系的伟大倡议。二是人类命运共同体意识要求建立和完善更加合理的国际政治经济新秩序，调整和改善运行已久的现有国际政治经济秩序，建立更加合理的争端解决机制和协调方式。三是人类命运共同体理念既符合中国自身生存与发展的需要，也符合维护和促进世界各国发展的要求。特别是要真正促进解决世界各国之间经济社会文化发展不平衡的问题，促进解决发达国家和发展中国家贫富差距进一步拉大、矛盾不断深化的问题，促进解决一些地区不断出现的种族、民族和国家之间武力争端不断、局部战争加剧的问题。四是人类命运共同体意识要求找到更多国家间的利益交集，促进更多国家间的利益交融，兼顾更多国家间的利益诉求，在经济和发展问题上“以诚相待、普惠共享”，推动发展成果惠及全世界各国人民，并以更加开放包容的态度和政策增强各国之间的信任和交往。

The Construction of Chinese Discourse System

第七章

共建人类命运共同体

7 共建人类命运共同体

构建人类命运共同体理念是党的十八大以来，中国对世界发展方向和人类发展目标的重大理论贡献。人类命运共同体已经成为国际社会和各国人民十分关注并深刻思考的重大世界性话题，一方面它反映了中国国家话语权和国际话语权构建方面取得的突破性成就，是中国对当今世界发展的重要贡献；另一方面它也反映了世界各国人民共同的心声，集中体现了世界各国和各国人民的共同利益诉求。

习近平同志特别指出："构建人类命运共同体是一个历史过程，不可能一蹴而就，也不可能一帆风顺，需要付出长期艰苦的努力。为了构建人类命运共同体，我们应该锲而不舍、驰而不息进行努力，不能因现实复杂而放弃梦想，也不能因理想遥远而放弃追求。"①

一、人类命运共同体的提出

人类社会发展到今天，彼此之间已经形成了不可分割、十分紧密的联系。尤其是第二次世界大战之后经济全球化的深入发展，早已把世界各国联系在一起，形成了一个休戚与共、命运相连的共同利益群体。2011 年国务院新闻办公室发布的《中国的和平发展》白皮书就提出，要以"命运共同体"的新视角，寻求人类的共同利益和共同价值的新内涵。

（一）人类命运共同体理念的提出

人类命运共同体理念是在党的十八大被上升到党的对外战略思想和对外政策主张而载入历史文献中的。

2012 年 11 月，党的十八大报告鲜明阐述了中国对世界发展和存在的问题的看法："人类只有一个地球，各国共处一个世界。历史昭示我们，弱肉强食不是人类共存之道，穷兵黩武无法带来美好世界。要和平

① 习近平．习近平谈治国理政：第 3 卷．北京：外文出版社，2020：436.

不要战争，要发展不要贫穷，要合作不要对抗，推动建设持久和平、共同繁荣的和谐世界，是各国人民共同愿望。”要“在国际关系中弘扬平等互信、包容互鉴、合作共赢的精神，共同维护国际公平正义”。在谈到合作共赢主张时明确提出“要倡导人类命运共同体意识，在追求本国利益时兼顾他国合理关切，在谋求本国发展中促进各国共同发展，建立更加平等均衡的新型全球发展伙伴关系，同舟共济，权责共担，增进人类共同利益。中国将继续高举和平、发展、合作、共赢的旗帜，坚定不移致力于维护世界和平、促进共同发展”①。

（二）习近平论人类命运共同体

党的十八大以来，习近平同志从人类历史发展规律的历史高度、从应对当今百年未有之大变局的时代高度、从中国人民根本利益要求的政治高度，深刻阐述了人类命运共同体理念。人类命运共同体理念已经成为习近平新时代中国特色社会主义思想的重要组成部分。

中国的发展是世界发展的重要组成部分，中国的发展离不开世界，世界的发展也离不开中国。党的十八大以来，习近平同志对国际形势的新变化进行了深入分析和科学研判，十分强调树立人类命运共同体理念。2016 年，习近平同志在庆祝中国共产党成立 95 周年大会上明确提出：“中国外交政策的宗旨是维护世界和平、促进共同发展。中国始终是世界和平的建设者、全球发展的贡献者、国际秩序的维护者，愿扩大同各国的利益交汇点，推动构建以合作共赢为核心的新型国际关系，推动形成人类命运共同体和利益共同体。”② “推动形成人类命运共同体”是我们进行中外经济文化交流的基本指导思想，也应该是世界各国各民族经济文化交流的基本遵循。

对于面临诸多问题的当今世界政治经济格局来说，增进人类命运共同体共识具有十分重要的意义，尤其在当前更是需要世界各国携起手

① 胡锦涛. 胡锦涛文选：第 3 卷. 北京：人民出版社，2016：651.
② 习近平. 习近平谈治国理政：第 2 卷. 北京：外文出版社，2017：42.

来，共同解决人类面临的各种困难与挑战，共同抵制“逆全球化”趋势和贸易保护主义，让人类命运共同体共识为经济全球化注入新的生命活力。2017 年 1 月，习近平同志出席了达沃斯世界经济论坛 2017 年年会，访问了联合国日内瓦总部，他在这两个国际舞台上发表了重要讲话，系统阐述了人类命运共同体理念。

在达沃斯世界经济论坛 2017 年年会开幕式致辞中，习近平同志阐述了人类命运共同体理念，他引用了中国古代思想家的话：“积力之所举，则无不胜也；众智之所为，则无不成也。”他指出：“只要我们牢固树立人类命运共同体意识，携手努力、共同担当，同舟共济、共渡难关，就一定能够让世界更美好，让人民更幸福。”①

一天之后，习近平同志在联合国日内瓦总部发表演讲，更是集中论述了人类命运共同体理念。他指出：“在达沃斯，各方在发言中普遍谈到，当今世界充满不确定性，人们对未来既寄予期待又感到困惑。世界怎么了、我们怎么办？这是整个世界都在思考的问题，也是我一直在思考的问题。”② 他回顾了 100 多年来世界历史发展的历程，指出这 100 多年来各国人民经历了免于战争、缔造和平，摆脱枷锁、争取独立，扩大合作、共同发展三个发展阶段，和平与发展是这 100 多年来全人类的共同愿望。面对当代世界各种复杂多样的问题与挑战，我们要“让和平的薪火代代相传，让发展的动力源源不断，让文明的光芒熠熠生辉”。我们怎么办？“中国方案是：构建人类命运共同体，实现共赢共享。”③

建立公正合理的国际秩序是人类孜孜以求的目标，人类命运共同体是人类社会理想追求的当代展现和最新成果。习近平同志指出：“从 360 多年前《威斯特伐利亚和约》确立的平等和主权原则，到 150 多年前日内瓦公约确立的国际人道主义精神；从 70 多年前联合国宪章明确的四

---

① 习近平. 共担时代责任 共促全球发展：在世界经济论坛 2017 年年会开幕式上的主旨演讲. 人民日报，2017-01-18 (3).

② 习近平. 习近平谈治国理政：第 2 卷. 北京：外文出版社，2017：537.

③ 同②539.

大宗旨和七项原则，到 60 多年前万隆会议倡导的和平共处五项原则，国际关系演变积累了一系列公认的原则。这些原则应该成为构建人类命运共同体的基本遵循。”① 习近平同志提出：“我们要推进国际关系民主化，不能搞‘一国独霸’或‘几方共治’。世界命运应该由各国共同掌握，国际规则应该由各国共同书写，全球事务应该由各国共同治理，发展成果应该由各国共同分享。”②

构建人类命运共同体，关键在行动。必须从伙伴关系、安全格局、经济发展、文明交流、生态建设等方面做出努力。为此，习近平同志提出五点倡议：一是坚持对话协商，建立一个持久和平的世界；二是坚持共建共享，建设一个普遍安全的世界；三是坚持合作共赢，建设一个共同繁荣的世界；四是坚持交流互鉴，建设一个开放包容的世界；五是坚持绿色低碳，建设一个清洁美丽的世界。中国不仅是五点建设意见的倡议者，而且也是推进人类命运共同体的践行者。“世界好，中国才能好；中国好，世界才更好。”习近平同志针对“很多人关心中国的政策走向，国际社会也有很多议论”③，特别强调指出：中国维护世界和平、促进共同发展、打造伙伴关系、支持多边主义的决心不会改变。

2018 年 4 月，习近平同志在博鳌亚洲论坛 2018 年年会开幕式上提道：“从顺应历史潮流、增进人类福祉出发，我提出推动构建人类命运共同体的倡议，并同有关各方多次深入交换意见。我高兴地看到，这一倡议得到越来越多国家和人民欢迎和认同，并被写进了联合国重要文件。我希望，各国人民同心协力、携手前行，努力构建人类命运共同体，共创和平、安宁、繁荣、开放、美丽的亚洲和世界。”“中国人民将继续与世界同行、为人类作出更大贡献，坚定不移走和平发展道路，积极发展全球伙伴关系，坚定支持多边主义，积极参与推动全球治理体系

① 习近平．习近平谈治国理政：第 2 卷．北京：外文出版社，2017：539.
② 同①540.
③ 同①545.

变革，推动建设新型国际关系，推动构建人类命运共同体。”① 2019年10月1日，习近平同志在庆祝中华人民共和国成立七十周年大会上进一步强调指出：“我们要坚持和平发展道路，奉行互利共赢的开放战略，继续同世界各国人民一道推动共建人类命运共同体。”②

二、人类命运共同体的思想渊源

人类命运共同体理念，源于深厚的中华优秀传统文化，是中华优秀传统文化创造性转化、创新性发展的时代结晶；源于中国当代蓬勃发展的社会主义先进文化，是当代中国人民奋斗发展的价值追求；源于世界优秀文化成果包括西方文明成果，是世界优秀文化崇高价值的思想精华；源于人类社会进步和发展规律认识成果，是人类社会历史经验与教训的科学总结。

（一）源于深厚的中华优秀传统文化

人类命运共同体有着深厚的中华优秀传统文化的积淀，闪耀着中华优秀传统文化的核心价值理念，是中华优秀传统文化在当代的最好体现。人们都知道中国历史上对“大同社会”和“小康社会”的描述，这些描述承载着中华民族美好的理想追求和未来期盼。

《礼记·礼运》里关于“大同社会”是这样记载的：“大道之行也，天下为公。选贤与能，讲信修睦。故人不独亲其亲，不独子其子，使老有所终，壮有所用，幼有所长，矜寡孤独废疾者，皆有所养，男有分，女有归。货恶其弃于地也，不必藏于己；力恶其不出于身也，不必为己。是故谋闭而不兴，盗窃乱贼而不作，故外户而不闭。是谓大同。”

关于“小康社会”是这样记载的：“今大道既隐，天下为家，各亲

---

① 习近平．习近平谈治国理政：第3卷．北京：外文出版社，2020：194.

② 同①79.

其亲，各子其子，货力为己，大人世及以为礼，城郭沟池以为固，礼义以为纪；以正君臣，以笃父子，以睦兄弟，以和夫妇，以设制度，以立田里，以贤勇知，以功为己。故谋用是作，而兵由此起。禹、汤、文、武、成王、周公，由此其选也。此六君子者，未有不谨于礼者也。以著其义，以考其信，著有过，刑仁讲让，示民有常。如有不由此者，在势者去，众以为殃。是谓小康。"

历代中国思想家都根据时代的发展变化对"大同社会""小康社会"进行了积极的阐释，在有关人类未来发展和理想社会构想方面形成了深厚而丰富的思想宝库。

习近平同志高度重视弘扬中华优秀传统文化，在论述人类命运共同体理念时，始终不忘汲取中华优秀传统文化的丰富养分，经常从中国悠久的历史文化和丰富的思想素材中撷取文化素材，信手拈来，运用自如，很好地向世界说明了人类命运共同体理念与中华优秀传统文化之间的内在关联性。例如，2015 年 9 月，他在介绍人类共同价值时，引用了《礼记・礼运》"大同社会"的"大道之行也，天下为公"思想①；2015 年 11 月，他在出席联合国气候变化巴黎大会开幕式的讲话中，引用了《荀子・天论》的"万物各得其和以生，各得其养以成"，阐释中华文明历来强调天人合一、尊重自然的思想②；2015 年 12 月，他在第二届世界互联网大会开幕式上引用了《墨子・兼爱上》的"天下兼相爱则治，交相恶则乱"，强调必须坚持同舟共济、互信互利的理念，摈弃零和博弈、赢者通吃的旧观念③。

2017 年 1 月，他在联合国日内瓦总部的讲话中引用《荀子・君道》中强调的"法者，治之端也"，不能"合则用，不合则弃"，要做到《尚书・洪范》所说的"无偏无党，王道荡荡"，也就是要求各国和国际司法机构应该确保国际法平等统一适用，不能搞双重标准④。在这次讲话

① 习近平．习近平谈治国理政：第 2 卷．北京：外文出版社，2017：522.
② 同①530.
③ 同①533.
④ 同①540.

中他还特别向人们介绍了中华优秀传统文化的和平思想：中华文明历来崇尚“以和邦国”“和而不同”“以和为贵”的理念，正如《孙子兵法》首句“兵者，国之大事，死生之地，存亡之道，不可不察也”，其要义是提醒人们要慎战、不战。和平在几千年来已经融入了中华民族的血脉中，刻进了中国人民的基因里①。他引用孔子“己所不欲，勿施于人”的思想，阐述中国人民深信只有和平安宁才能繁荣发展。他用古语“落其实思其树，饮其流怀其源”，表达中国发展得益于国际社会，中国也为全球发展做出了贡献。在这次演讲中，他还引用古语“善学者尽其理，善行者究其难”来说明构建人类命运共同体是一个美好的目标，也是一个需要一代又一代人接力跑才能实现的目标，中国愿同广大成员国、国际组织和机构一道，共同推动构建人类命运共同体的伟大进程。他引用《礼记·中庸》中的“万物并育而不相害，道并行而不相悖”，表达要建设一个原理封闭、开放包容的世界。他引用《孟子·尽心上》中的“孔子登东山而小鲁，登泰山而小天下”来鼓励人们登高望远，正确认识和把握世界大势和时代潮流。

2016年7月，他引用《三国志·吴书·吴主五子传》中的“明镜所以照形，古事所以知今”提示人们要以史为鉴，不让历史悲剧重演。2018年9月，他引用《管子·形势解》中的“海不辞水，故能成其大”，鼓励中国和非洲人民心往一处想、劲往一处使，共筑更加紧密的中非命运共同体，为推动构建人类命运共同体树立典范。

（二）源于蓬勃发展的社会主义先进文化

人类命运共同体还源于中国社会主义先进文化，是中国社会主义先进文化根本立场的国际表达。当代中国之所以能够提出人类命运共同体理念，或者说当代中国之所以坚持构建人类命运共同体理念，源于实行中国特色社会主义的中国对历史、现实和未来的深刻理解。

首先，由于中国是世界上唯一一个没有中断自身文明发展史的古老

① 习近平．习近平谈治国理政：第2卷．北京：外文出版社，2017：545.

文明国家，中国从古代到近现代都没有对周边国家和其他国家实施过残酷的殖民侵略和掠夺，都没有奴役和欺压周边国家和其他国家人民。中国本身在近代历史进程中遭受了西方列强和日本军国主义的军事侵略，承受了巨大的痛苦，付出了巨大的牺牲。中国的历史悲剧和历史教训告诉我们，和谐共处、和平发展是人类价值理念和中国价值理念的重要组成部分，背离和抛弃这些基本价值理念，人类社会就不可能真正避免历史悲剧的重演。

其次，由于中国在国际舞台上长期受到不公平和不公正对待，使得中国在追求自身经济社会发展进程中，曾经丧失了通过公平正义的国际经济交往争取快速发展的历史机遇，中国经受了来自少数西方国家和势力的长期遏制、打压和封锁，中国太熟悉这些西方国家惯用的伎俩。中国不希望自身经历的不公正待遇继续在广大发展中国家再现，广大发展中国家有权利在国际关系中享有公平公正对待。必须捍卫在国际舞台和国际社会中国家无论大小、人民无论贫富，都一律平等的原则，努力使广大发展中国家获得更多的发展机会。

再次，由于中国在近代以来饱受西方列强和日本军国主义发动的战争破坏之苦和人民伤亡之痛，中国深知战争对一个国家国民经济发展和人民生产生活的破坏有多么严重。当前世界仍有一些地区处在战火硝烟之中，那里的人民承受着巨大的战争伤痛，制止战争应该成为世界各国政府和人民的共同呼声。中国坚决反对在国际事务中任意诉诸武力或以武力相威胁，倡导所有国家都应遵守《联合国宪章》宗旨和国际关系基本准则，维护联合国权威，坚持平等互利和不适用武力原则，反对任何形式的霸权主义和扩张政策。

最后，由于中国是一个多民族的社会主义国家，在某些外部势力的支持下，中国也深受恐怖主义、分裂主义和极端主义之害，深知打击恐怖主义、分裂主义和极端主义的重要性。特别是最近一些年来，在中国边疆地区，境外反华势力和境内敌对势力内外勾结，制造了许多残忍的暴力恐怖事件。中国坚决主张维护安全稳定的国际环境，坚定捍卫国内和谐安宁的生产生活，坚决主张加强对恐怖主义、分裂主义和极端主义的打击。这不仅是世界大多数国家的利益所在，也是中国和中国人民的利益所在。

构建人类命运共同体不是无视存在的问题与挑战，不是人为渲染虚假的“太平盛世”，而是要世界各国人民为了人类命运共同体的美好未来而奋斗，为了人类命运共同体而进行伟大斗争。这就是说，必须坚决捍卫和平与发展的世界发展道路与趋势，必须坚决遏制各种危害人类社会发展的势力，这是构建人类命运共同体的应有之义。

中国社会主义核心价值观与构建人类命运共同体价值追求，既具有一定意义上的差异性，也具有十分明显的相同性。看不到前一点，我们就无法很好地认识中国社会主义核心价值观与人类社会共同价值之间的区别，会将社会主义核心价值观等同于人类命运共同体，而使世界范围内构建人类命运共同体的努力受挫；看不到后一点，我们就无法很好地认识人类命运共同体与社会主义核心价值观都具有代表人类社会共同发展要求和共同价值追求的一致性，就不能很好地解释为什么中国大力倡议构建人类命运共同体了。

（三）源于世界优秀文化成果

人类命运共同体还源于世界优秀文化成果，爱好和平的世界各国人民就是人类命运共同体的广泛基础。人类文明，无论是东方的印度文明、中华文明和阿拉伯文明，还是西方的希腊文明、罗马文明和西欧文明，都是积极主张和平发展的。没有哪个文明是鼓吹战争、倡导对抗的。人类命运共同体正是对人类文明的继承和弘扬，是人类文明在当代的重要体现。

第二次世界大战给中国人民和世界各国人民留下了沉痛的历史教训和惨痛的历史记忆。2015 年 9 月，习近平同志在美国纽约联合国总部举行的第七十届联合国大会一般性辩论时的讲话中谈道：“作为东方主战场，中国付出了伤亡 3 500 多万人的民族牺牲，抗击了日本军国主义主要兵力，不仅实现了国家和民族的救亡图存，而且有力支援了在欧洲和太平洋战场上的抵抗力量，为赢得世界反法西斯战争胜利作出了历史性贡献。”“铭记历史，不是为了延续仇恨，而是要共同引以为戒。传承历史，不是为了纠结过去，而是要开创未来，让和平的薪火代代相传。”[①] 当今世界并不是莺歌燕舞的时代，仍有 8 亿人生活在极端贫困之中，每年近 600 万孩子在 5 岁前夭折，近 6 000 万儿童未能接受教育[②]。所以，习近平同志提出了站在新的历史起点上，需要深思如何在 21 世纪更好回答世界和平与发展这一重大问题。人类命运共同体就是中国提供的最好答案！

正是由于人类命运共同体理念与包括西方文明在内的人类社会各种文明间的亲密关系，习近平同志在许多国际场合特别是西方国家阐述人类命运共同体理念时，引用了西方国家熟悉并能够产生共鸣的著名哲学家、思想家、文学家的金句名言，产生了广泛而热烈的反响。例如，2015 年 11 月，习近平同志在气候变化巴黎大会开幕式上谈到世界各国应下决心解决气候变化引发的问题时引用了法国作家雨果的名言“最大的决心会产生最高的智慧”[③]；2019 年 3 月，他在中法全球治理论坛闭幕式上引用法国谚语“人的命运掌握在自己的手里”，呼吁在面对人类发展何去何从的抉择时，各国应该有以天下为己任的担当精神，积极做行动派、不做观望者，共同努力把人类前途命运掌握在自己手中[④]。

2019 年 5 月，习近平同志在亚洲文明对话大会开幕式上发表主旨演讲，在谈到亚洲人民创造的辉煌文明成果时，他说道：“《诗经》、《论语》、《塔木德》、《一千零一夜》、《梨俱吠陀》、《源氏物语》等名篇经典，楔形文字、地图、玻璃、阿拉伯数字、造纸术、印刷术等发明创造，长城、麦加大清真寺、泰姬陵、吴哥窟等恢宏建筑……都是人类文明的宝贵财富。各种文明在这片土地上交相辉映，谱写了亚洲文明发展史诗。”[⑤]

习近平同志关于文明多样性和文明和谐相处的论述更是获得了国际

---

① 习近平．习近平谈治国理政：第 2 卷．北京：外文出版社，2017：521-522.
② 同①524.
③ 同①527-528.
④ 习近平．习近平谈治国理政：第 3 卷．北京：外文出版社，2020：460.
⑤ 同④466.

社会的普遍赞誉。他指出："文明相处需要和而不同的精神。只有在多样中相互尊重、彼此借鉴、和谐共存，这个世界才能丰富多彩、欣欣向荣。不同文明凝聚着不同民族的智慧和贡献，没有高低之别，更无优劣之分。文明之间要对话，不要排斥；要交流，不要取代。人类历史就是一幅不同文明相互交流、互鉴、融合的宏伟画卷。我们要尊重各种文明，平等相待，互学互鉴，兼收并蓄，推动人类文明实现创造性发展。"①

（四）源于人类社会进步和发展规律认识成果

构建人类命运共同体还源于对人类社会进步和发展规律的深刻认识。当今世界矛盾和问题很多，既有物质财富不断丰富和积累、科学技术快速发展带来的变化，人类文明发展达到历史上最好水平的成就；也有地区冲突不断、恐怖主义、难民潮等全球性挑战频发，贫困失业、收入差距拉大、国家间经贸关系紧张等问题的困扰。构建人类命运共同体就是要更好地解决这些问题，构建一个更加有益于人类自身发展的目标和机制，推动实现世界和平、和谐与合作。

2015 年 9 月 28 日，习近平同志在美国纽约联合国总部举行的第七十届联合国大会一般性辩论时的讲话中提出："和平、发展、公平、正义、民主、自由，是全人类的共同价值，也是联合国的崇高目标。""我们要继承和弘扬联合国宪章的宗旨和原则，构建以合作共赢为核心的新型国际关系，打造人类命运共同体。"②

2017 年 1 月，习近平主席在达沃斯世界经济论坛和联合国日内瓦总部的两次讲话中，都举了国际红十字会创始人亨利·杜楠的例子。他引用杜楠的话，即"真正的敌人不是我们的邻国，而是饥饿、贫穷、无知、迷信和偏见"，阐述了当今世界合作共赢的意义。他引用 1862 年杜楠在《沙斐利洛的回忆》中发出的"杜楠之问"：能否成立人道主义组

---

① 习近平. 习近平谈治国理政：第 2 卷. 北京：外文出版社，2017：524-525.
② 同①522.

织？能否制定人道主义公约？次年杜楠的愿望实现了，红十字国际委员会应运而生。红十字会经过 150 多年的发展，已经成为一种精神、一面旗帜。从“杜楠之问”和红十字国际委员会的事例中可以总结出：面对频发的人道主义危机，应该弘扬人道、博爱、奉献的精神，为身陷困境的无辜百姓送去关爱，送去希望；应该秉承中立、公正、独立的基本原则，避免人道主义问题政治化，坚持人道主义援助非军事化①。

提出我们要共同构建人类命运共同体，还因为我们都生活在一个地球上，我们目前还无法找到一个人类可以移民去的新的星球。2017 年 1 月，习近平主席在联合国日内瓦总部发表的讲话中专门谈到霍金提出关于“平行宇宙”的猜想，霍金希望在地球之外找到第二个人类得以安身立命的星球。但是这个愿望什么时候才能实现还是一个未知数。他用这个例子来呼吁人们要清晰地认识到地球是人类唯一赖以生存的家园，珍爱和呵护地球是人类的唯一选择②。他还引用了瑞士作家、诺贝尔文学奖获得者黑塞的话：“不应为战争和毁灭效劳，而应为和平与谅解服务。”在演讲中他还提到了公元前的伯罗奔尼撒战争和两次世界大战，总结出“国家和，则世界安；国家斗，则世界乱”；提出要避免大国间出现“修昔底德陷阱”，构建新型大国关系；将核武器比喻为“达摩克利斯之剑”，需要全面禁止和最终彻底销毁，实现无核世界③。

三、中国推动构建人类命运共同体的努力

或许有人会提出这样的问题：中国倡导构建人类命运共同体，是不是要实现中国的国家话语霸权或国际话语霸权？回答是否定的，中国并不追求国家话语霸权或国际话语霸权。

有一则报道引起了不少人的关注。《参考消息》网报道，法国《费

---

① 习近平．习近平谈治国理政：第 2 卷．北京：外文出版社，2017：540.

② 同①538.

③ 同①541.

加罗报》网站于2021年2月5日发表了法国昂热西部天主教大学荣誉教授、法学院前院长伊夫·佩雷的文章。他在文章中提出了一个问题，即中国能否取代美国成为全球经济的领头羊，进而取代美国成为新的世界霸权国家？历史上唯一做到称霸世界的国家只有英国和美国。他认为中国要超越美国必须实现三大跨越，实现全球霸权要有三大基石：一是海上的绝对优势，二是对全球贸易和金融的掌控，三是与语言和文化有关。例如，在1945年以后英语成了全球语言，美英文化渗透人们的思想直至今日。中国在未来的2030年或之后能从美国手中抢走世界第一吗？前提是中国必须掌控称霸全球的三个关键因素。目前，美国在文化方面仍具有碾压优势。英语似乎仍然难以绕过，而能为全球年轻人所仰慕的超级英雄都是美国的。中国人将赌注压在了高校上，而不是用自己的超级英雄来挑战好莱坞。对美国来说，真正的挑战是第一次有一个非西方政权来与一个西方国家进行竞争①。

我们对作者的这种展望研究深感赞叹，但是中国并没有称雄世界、称霸一方的愿望。中国古代哲人孔子曾说："己所不欲，勿施于人。"这也符合中国的国家愿望和追求。党的十八大以来，中国为构建人类命运共同体做了许多扎扎实实的工作。

（一）与周边国家的积极互动

在对待我国周边的重大问题上，中国坚持构建人类命运共同体，提出了坚持与邻为善、以邻为伴，坚持睦邻、安邻、富邻，突出体现亲、诚、惠、容的理念。中国不屑于那些与周边国家"秀恩爱"的举动，也不惧怕那些不时向中国"秀肌肉"的挑衅，始终致力于积极推动做好中国周边国家的工作。

2013年10月24日—25日，我国召开了中华人民共和国成立以来首次周边外交工作座谈会。习近平同志在座谈会上指出："做好周边外交工作，是实现'两个一百年'奋斗目标、实现中华民族伟大复兴的中

① 法媒文章：中国引领世界须实现三大跨越．参考消息，2021-02-09.

国梦的需要，要更加奋发有为地推进周边外交，为我国发展争取良好的周边环境，使我国发展更多惠及周边国家，实现共同发展。”①

中国处理周边关系的基本要求是：一是周边对我国具有极为重要的战略意义。思考周边问题、开展周边外交要有立体、多元、跨越时空的视角。我国同周边国家的经贸联系更加紧密、互动空前密切，客观上要求我们的周边外交战略和工作必须与时俱进、更加主动。我国周边充满生机活力，有明显发展优势和潜力。我国周边环境总体上是稳定的，睦邻友好、互利合作是周边国家对华关系的主流。我们要谋大势、讲战略、重运筹，把周边外交工作做得更好。二是全面发展同周边国家的关系，巩固睦邻友好，深化互利合作，维护和用好我国发展的重要战略机遇期，维护国家主权、安全、发展利益，努力使周边国家同我国政治关系更加友好、经济纽带更加牢固、安全合作更加深化、人文联系更加紧密。我国周边外交的基本方针，就是坚持与邻为善、以邻为伴，坚持睦邻、安邻、富邻，突出体现亲、诚、惠、容的理念。要坚持睦邻友好，守望相助，多走动，多做得人心、暖人心的事，增强亲和力、感召力、影响力。三是要坚持互信、互利、平等、协作的新安全观，推进同周边国家的安全合作。要着力加强对周边国家的宣传工作、公共外交、人文交流，广交朋友，广结善缘，把中国梦同周边各国人民过上美好生活的愿望、同地区发展前景对接起来，让人类命运共同体意识在周边国家落地生根。他指出，做好外交工作，胸中要装着国际国内两个大局，坚持正确义利观，有原则、讲情谊、讲道义，多向发展中国家提供力所能及的帮助。要推进外交工作改革创新，做好外交工作统筹兼顾，把外交工作办得更好②。

（二）与亚洲国家的积极互动

亚洲孕育了人类数个伟大的文明，亚洲是世界最主要的文明故乡。

---

① 习近平．习近平谈治国理政．北京：外文出版社，2014：296.

② 同①297-298.

亚洲文明就其本性来说，是积极的、健康的，对于当今世界的存在与发展具有不可替代的作用。在这里我们可以看到人类历史上众多辉煌的文明成果和历史记忆，这些成果和记忆是构建人类文明大厦的重要基石。这里曾经出现了中华文明、印度文明、中亚西亚文明等，出现了包括儒家、道家、佛教等重大宗教思想，出现了一大批科学家、哲学家、文学家。在亚洲形成了若干具有长期稳定性的文明文化圈，这些文明文化圈或者源于同一文化认同和民族或族群，或者源于长期稳定而很少动荡的社会生活经验，中华文化圈就是一个很有研究价值的文明文化圈。

亚洲发展有利于世界发展。亚洲各国都有着不同程度的灾荒的历史记忆和落后挨打的残留伤疤，亚洲有着强烈的“繁荣的期待”。中国与其他亚洲国家的交流源远流长。各类文明在这里曾经广泛交流与对话，不仅没有摧毁这个世界，而且使这个世界更加具有多样性和丰富性。例如，中印文明交流与对话、中国与西亚文明交流与对话等。“从宗教到哲学、从道德到法律、从文学到绘画、从戏剧到音乐、从城市到乡村，亚洲形成了覆盖广泛的世俗礼仪、写下了传承千年的不朽巨著、留下了精湛深邃的艺术瑰宝、形成了种类多样的制度成果，为世界提供了丰富的文明选择。”亚洲有着相互欣赏、互通有无的悠久传统，亚洲有着强烈的“交流的期待”。

此外，在对待亚洲安全问题上，中国倡导共同、综合、合作、可持续的亚洲安全观，创新安全理念，搭建地区安全和合作新架构，努力走出一条共建、共享、共赢的亚洲安全之路。在 2014 年 5 月 21 日于上海举行的亚洲相互协作与信任措施会议第四次峰会（“亚洲相互协作与信任措施”简称“亚信”）上，“亚信”会议各国领导和国际组织负责人围绕“加强对话、信任与协作，共建和平、稳定与合作的新亚洲”这一主题，共商安全合作大计，共谋长治久安良策，共襄发展繁荣盛举。习近平同志发表了题为《积极树立亚洲安全观　共创安全合作新局面》的讲话，提出了中国的亚洲安全观。

一是亚洲拥有全世界 67%的人口和 1/3 的经济总量，是众多文明、民族的汇聚交融之地。亚洲和平发展同人类前途命运息息相关，亚洲稳定是世界和平之幸，亚洲振兴是世界发展之福。亚洲虽然面临的风险和挑战增多，但依然是世界上最具发展活力和潜力的地区，和平、发展、合作、共赢始终是地区形势主流，通过协商谈判处理分歧争端也是地区国家主要政策取向。亚洲在世界战略全局中的地位不断上升，在世界多极化、国际关系民主化进程中发挥着越来越重要的作用。二是积极倡导共同、综合、合作、可持续的亚洲安全观，创新安全理念，搭建地区安全和合作新架构，努力走出一条共建、共享、共赢的亚洲安全之路。亚洲安全应聚焦发展主题，积极改善民生，缩小贫富差距，不断夯实安全的根基。要推动共同发展和区域一体化进程，努力形成区域经济合作和安全合作良性互动、齐头并进的大好局面，以可持续发展促进可持续安全。三是中国建议包括：推动“亚信”成为覆盖全亚洲的安全对话合作平台，并在此基础上探讨建立地区安全合作新架构；加强“亚信”能力和机制建设，支持完善“亚信”秘书处职能，在“亚信”框架内建立成员国防务磋商机制及各领域信任措施落实监督行动工作组，深化反恐、经贸、旅游、环保、人文等领域交流合作；通过举办“亚信”非政府论坛等方式，建立“亚信”各方交流网络，为广泛传播“亚信”安全理念、提升“亚信”影响力、推进地区安全治理奠定坚实社会基础；增强“亚信”的包容性和开放性，既要加强同本地区其他合作组织的协调和合作，也要扩大同其他地区和有关国际组织的对话和沟通，共同为维护地区和平稳定做出贡献。中国是亚洲安全观的积极倡导者，也是坚定实践者。中方将一步一个脚印加强同各方的安全对话和合作，共同探讨制定地区安全行为准则和亚洲安全伙伴计划，使亚洲国家成为相互信任、平等合作的好伙伴。四是中方愿意同地区国家建立常态化交流合作机制，共同打击“三股势力”；探讨建立亚洲执法安全合作论坛、亚洲安全应急中心等，深化执法安全合作，协调地区国家更好应对重大突发安全事件。

2019 年 5 月，亚洲文明对话大会在北京举行，习近平同志出席大会开幕式并做主旨演讲。他提出夯实共建亚洲命运共同体、人类命运共同体的人文基础的四点主张：坚持相互尊重、平等相待，坚持美人之美、美美与共，坚持开放包容、互学互鉴，坚持与时俱进、创新发展①。亚洲是世界文明最多样、人口最庞大、发展最快速的地区，更是当今世界发展最具潜力和活力的地区之一，亚洲文明对话大会极大地激发了亚洲国家文明自豪感，极大地促进了亚洲文明互学互鉴的巨大热情。

（三）与欧洲国家的积极互动

在对待欧洲问题上，中欧自建立全面战略伙伴关系以来，取得了积极的成效。中欧关系的影响已经超越双边，越来越具有全球性战略意义。

2014 年 3 月，习近平同志在访问欧洲期间就中欧关系提出来一系列重要论述。一是指出中欧关系发展空间还很大，潜力还远远没有发挥出来。当前就是要深化互利共赢的中欧关系，让中欧友谊和合作给中欧各国人民带来更多福祉。在经济全球化、世界多极化、社会信息化蓬勃发展的今天，中欧关系的影响已经超越双边，越来越具有全球性战略意义。为了把中欧关系推向前进，中方需要加深对欧洲的了解，欧洲也需要加深对中国的了解。历史是现实的根源，任何一个国家的今天都来自昨天。只有了解一个国家从哪里来，才能弄懂这个国家今天怎么会是这样而不是那样，也才能搞清楚这个国家未来会往哪里去和不会往哪里去。二是强调中国人看待世界、看待社会、看待人生，有自己独特的价值体系。中国人独特而悠久的精神世界，让中国人具有很强的民族自信心，也培育了以爱国主义为核心的民族精神。中国人民对被侵略、被奴役的历史记忆犹新，尤其珍惜今天的生活。中国人民希望和平、反对战争，所以始终奉行独立自主的和平外交政策，坚持不干涉别国内政，也不允许别人干涉中国内政。中国过去一直是这样做的，今后也会这样做下去。三是阐述中国从自己的国情和时代要求出发，探索和开拓国家发展道路，形成了中国特色社会主义，提出要建设社会主义市场经济、民

---

① 习近平．习近平谈治国理政：第 3 卷．北京：外文出版社，2020：465-471.

主政治、先进文化、和谐社会、生态文明，维护社会公平正义，促进人的全面发展，坚持和平发展，全面建成小康社会，进而实现现代化，逐步实现全体人民共同富裕。独特的文化，独特的历史，独特的国情，注定了中国必然走适合自己特点的发展道路。中国走出了这样一条道路，并且取得了成功。中国全面深化改革，不仅将为中国现代化建设提供强大推动力量，而且将为世界带来新的发展机遇。四是明确中欧都处于发展的关键时期，都面临着前所未有的机遇和挑战。要共同努力建造和平、增长、改革、文明四座桥梁，建设更具全球影响力的中欧全面战略伙伴关系。中国是东方文明的重要代表，欧洲则是西方文明的发祥地。中国主张“和而不同”，而欧盟强调“多元一体”。中欧要共同努力，促进人类各种文明之花竞相绽放。

2019 年 3 月，习近平同志在中法全球治理论坛闭幕式上对中欧关系进行了展望，希望中欧双方都能积极做行动派、不做观望者，共同努力把人类前途命运掌握在自己手中。为此，他提出四点主张：坚持公正合理，破解治理赤字；坚持互商互谅，破解信任赤字；坚持同舟共济，破解和平赤字；坚持互利共赢，破解发展赤字①。中欧双方需要同向而行，在治理、信任、和平和发展四大“赤字”的破解中相互支持、相互借鉴。

（四）与非洲国家的积极互动

在对待非洲各国关系上，要构建起新型战略伙伴关系，为此中国提出了“461”的中非合作框架。

在对待非洲各国关系上，总体上说中非关系已经进入全面发展的快车道，双方成立了中非合作论坛，构建起新型战略伙伴关系，中国提出了“461”的中非合作框架。2013 年 3 月，习近平同志访问非洲，就中非关系发表了重要讲话，为中非友谊写下了重要一页，也为中国与其他发展中国家的关系确定了基本原则。

2013 年 3 月 25 日，习近平同志在坦桑尼亚尼雷尔国际会议中心，

---

① 习近平．习近平谈治国理政：第 3 卷．北京：外文出版社，2020：460-462.

发表题为《永远做可靠朋友和真诚伙伴》的重要演讲，总结中非友好关系发展历史经验，全面阐述新时期中非共谋和平、同促发展的政策主张。他强调，中国人民正致力于实现中华民族伟大复兴的中国梦，非洲人民正致力于实现联合自强、发展振兴的非洲梦。中非人民要加强团结合作、加强相互支持和帮助，努力实现我们各自的梦想，同国际社会一道，推动实现持久和平、共同繁荣的世界梦，为人类和平与发展做出新的更大的贡献。中国人民和非洲人民的友谊和合作，已经成为中非关系的标志，在国际社会传为佳话。他指出：中非从来都是命运共同体，共同的历史遭遇、共同的发展任务、共同的战略利益把我们紧紧联系在一起。中非关系的本质特征是真诚友好、相互尊重、平等互利、共同发展。推进中非合作是双方人民共同的心愿，是大势所趋、人心所向。新形势下，中非关系的重要性不是降低了而是提高了，双方共同利益不是减少了而是增多了，中方发展对非关系的力度不会削弱、只会加强。习近平用“真、实、亲、诚”概括了中非关系的原则立场。

习近平同志指出：第一，对待非洲朋友就是要讲“真”。中非传统友谊弥足珍贵，值得倍加珍惜。中国始终把发展同非洲国家的团结合作作为中国对外政策的重要基础，不会因为中国自身发展和国际地位提高而发生变化。世界上没有放之四海而皆准的发展模式，各方应该尊重世界文明多样性和发展模式多样化。第二，开展对非合作就是要讲“实”。中国不仅是合作共赢的倡导者，更是积极实践者。中国致力于把自身发展同非洲发展紧密联系起来，把中国人民利益同非洲人民利益紧密结合起来，把中国发展机遇同非洲发展机遇紧密融合起来，真诚希望非洲国家发展得更快一些，非洲人民日子过得更好一些。随着中国经济实力和综合国力不断提高，中国将继续为非洲发展提供应有的、不附加任何政治条件的帮助。第三，加强中非友好就是要讲“亲”。中国人民和非洲人民有着天然的亲近感，很重要的一点就是要通过深入对话和实际行动获得心与心的共鸣。中非关系的根基和血脉在人民，中非关系发展应该更多面向人民。近年来，随着中非关系发展，中非人民越走越近。第四，解决合作中的问题就是要讲“诚”。中国和非洲都处在快速发展过程中，相互认知需要与时俱进。中方坦诚面对中非关系面临的新情况新问题，对出现的问题，我们应该本着相互尊重、合作共赢的精神加以妥善解决。

2014 年 5 月，中国政府提出了“461”中非合作框架。所谓“4”就是习近平同志提出的“四字箴言”，即进一步深化中非合作四项原则：一是真诚平等相待，二是增进团结互信，三是共谋包容发展，四是创新务实合作。所谓“6”就是中国愿与非洲国家共同努力，积极推进六大工程，打造中非全面合作的升级版。一是实施产业合作工程，二是实施金融合作工程，三是实施减贫合作工程，四是实施生态环保合作工程，五是实施人文交流合作工程，六是实施和平安全合作工程。所谓“1”就是完善中非合作论坛这一重要平台。

2018 年 9 月，习近平同志在中非合作论坛北京峰会上提出：希望中非人民心往一处想、劲往一处使，共筑更加紧密的中非命运共同体，为推动构建人类命运共同体树立典范。中国全面落实 2015 年中非合作论坛约翰内斯堡峰会确定的中非“十大合作计划”，一大批铁路、公路、机场、港口等基础设施以及经贸合作区陆续建成或正在建设之中，中非和平安全、科教文卫、减贫惠民、民间交往等合作深入推进，中国承诺提供的 600 亿美元资金支持都已兑现或做出安排，展现了中非共同的创造力、凝聚力、行动力。习近平同志在北京峰会上继续提出“八大行动”，即实施产业促进行动、设施联通行动、贸易便利行动、绿色发展行动、能力建设行动、健康卫生行动、人文交流行动和和平安全行动。中国以政府援助、金融机构和企业融资等方式，向非洲提供 600 亿美元支持；同时免除与中国有外交关系的非洲最不发达国家、重债穷国、内陆发展中国家、小岛屿发展中国家截至 2018 年底到期未偿还政府间无息贷款债务[①]。

（五）与阿拉伯国家的积极互动

对于与阿拉伯国家和地区的关系，要弘扬丝绸之路精神，为发展增

---

① 习近平．习近平谈治国理政：第 3 卷．北京：外文出版社，2020：449-454.

动力，为合作添活力，不断深化全面合作、共同发展的中阿战略合作关系。

2014 年 6 月 5 日，中阿合作论坛第六届部长级会议在北京举行，习近平同志在会上发表了题为《弘扬丝路精神，深化中阿合作》的重要讲话，阐述了中国对于中阿关系的原则。他指出，回顾中阿人民交往历史，我们就会想起陆上丝绸之路和海上香料之路。丝绸之路把中国的造纸术、火药、印刷术、指南针经阿拉伯地区传播到欧洲，又把阿拉伯的天文、历法、医药知识介绍到中国，在文明交流互鉴史上写下了重要篇章。千百年来，丝绸之路承载的和平合作、开放包容、互学互鉴、互利共赢精神薪火相传。中阿人民在维护民族尊严、捍卫国家主权的斗争中相互支持，在探索发展道路、实现民族振兴的道路上相互帮助，在深化人文交流、繁荣民族文化的事业中相互借鉴。

中东正在经历前所未有的大变动大调整，阿拉伯国家正在自主探索变革。实现民族振兴的共同使命和挑战，需要共同弘扬丝绸之路精神，为发展增动力，为合作添活力，不断深化全面合作、共同发展的中阿战略合作关系。为此，习近平同志提出了四项原则：一是要促进文明互鉴。人类文明没有高低优劣之分，因为平等交流而变得丰富多彩。中阿双方坚持以开放包容心态看待对方，用对话交流代替冲突对抗，创造了不同社会制度、不同信仰、不同文化传统的国家和谐相处的典范。中国将继续毫不动摇支持阿拉伯国家维护民族文化传统，反对一切针对特定民族和宗教的歧视和偏见。我们应该一道努力，倡导文明宽容，防止极端势力和思想在不同文明之间制造断层线。二是要尊重道路选择。一个国家发展道路合不合适，只有这个国家的人民才最有发言权。不能要求有着不同文化传统、历史遭遇、现实国情的国家都采用同一种发展模式。阿拉伯国家正在自主探索发展道路。我们愿意同阿拉伯朋友分享治国理政经验，从各自古老文明和发展实践中汲取智慧。三是要坚持合作共赢。中国追求的是共同发展。我们既要让自己过得好，也要让别人过得好。中国愿意把自身发展同阿拉伯国家的发展对接起来，为阿拉伯国家扩大就业、推进工业化、推动经济发展提供支持。四是要倡导对话和平。中国支持建立中东无核武器区，反对任何改变中东政治版图的企图。中国将以建设性姿态参与地区事务，主持公道、伸张正义，同阿拉伯国家一道，推动通过对话找到各方关切的最大公约数，为妥善解决地区热点问题提供更多公共产品。

中国建议中阿共建“一带一路”。“一带一路”是互利共赢之路，将带动各国经济更加紧密结合起来，推动各国基础设施建设和体制机制创新，创造新的经济和就业增长点，增强各国经济内生动力和抗风险能力。因此，一是应该坚持共商、共建、共享原则。共商，就是集思广益，好事大家商量着办，使“一带一路”建设兼顾双方利益和关切，体现双方智慧和创意。共建，就是各施所长，各尽所能，把双方优势和潜能充分发挥出来，聚沙成塔，积水成渊，持之以恒加以推进。共享，就是让建设成果更多更公平惠及中阿人民，打造中阿利益共同体和命运共同体。二是既要登高望远，也要脚踏实地。登高望远，就是要做好顶层设计，规划好方向和目标，构建“1＋2＋3”合作格局。“1”是以能源合作为主轴，深化油气领域全产业链合作，维护能源运输通道安全，构建互惠互利、安全可靠、长期友好的中阿能源战略合作关系。“2”是以基础设施建设、贸易和投资便利化为两翼，加强中阿在重大发展项目、标志性民生项目上的合作，为促进双边贸易和投资建立相关制度性安排。“3”是以核能、航天卫星、新能源三大高新领域为突破口，努力提升中阿务实合作层次。三是应该依托并增进中阿传统友谊。民心相通是“一带一路”建设的重要内容，也是关键基础。他认为，成立中阿合作论坛，是中国着眼中阿关系长远发展做出的战略抉择。要依托论坛支点，加强政策沟通，深化务实合作，不断开拓创新。

2018 年 7 月，习近平同志在中阿合作论坛第八届部长级会议开幕式上指出，中国倡议的共建“一带一路”得到了包括阿拉伯国家在内的国际社会的广泛支持和积极参与，阿拉伯国家身处“一带一路”交汇地带，是共建“一带一路”的天然合作伙伴。中阿都同意加强战略和行动对接，携手推进“一带一路”建设，共同做中东和平稳定的维护者、公平正义的捍卫者、共同发展的推动者、互学互鉴的好朋友，努力打造中阿命运共同体，为推动构建人类命运共同体做出贡献①。中阿双方一致同意建立全面合作、共同发展、面向未来的战略伙伴关系，并在会议期间签署了《中阿合作共建“一带一路”行动宣言》。

四、人类命运共同体获得越来越多的国际支持和认同

中国坚定、持续倡导人类命运共同体，获得了越来越多的国际支持和认同。许多国家和地区把构建人类命运共同体与本国本地区的发展紧密结合起来，许多国际组织把构建人类命运共同体融入自己的发展诉求和发展目标之中。人类命运共同体在世界纷繁复杂的发展中，越来越成为更广泛的国家和人民的共同价值。

（一）人类命运共同体日益成为国际舞台的最强音

党的十八大以来，中国举办和承办了一系列重大国际活动，这些重大国际活动成为国际政治经济文化领域举行的高端会议和开展的高端对话的重要舞台。例如，每年 4 月举办的博鳌亚洲论坛、2014 年 11 月在北京举办的亚太经合组织第 22 次领导人非正式会议、2015 年 9 月在北京举行的纪念中国人民抗日战争暨世界反法西斯战争胜利 70 周年大会、2016 年 9 月在杭州举办的二十国集团领导人第十一次峰会（G20 峰会）、2017 年 9 月在厦门举办的金砖国家领导人第九次会晤、2017 年 12 月在北京举办的中国共产党与世界政党高层对话会、2018 年 6 月在青岛举办的上海合作组织成员国元首理事会第十八次会议、2018 年 7 月在北京举办的中阿合作论坛第八届部长级会议、2018 年 9 月在北京举办的中非合作论坛北京峰会、2018 年 11 月在上海举办的首届中国国际进口博览会、2019 年 4 月在北京举办的第二届“一带一路”国际合作高峰论坛、2019

① 习近平．习近平谈治国理政：第 3 卷．北京：外文出版社，2020：480-485．

年 4 月在北京举办的中国北京世界园艺博览会、2019 年 5 月在北京举办的亚洲文明对话大会等等。就是在全球新冠肺炎疫情肆虐的 2020 年初至今，中国也通过视频和线上方式举办了一系列重要的国际论坛和高端对话会，加强国际合作，加深相互了解，推动人类命运共同体共识进一步深化。

此外，自 2013 年以来，习近平同志先后 40 多次出访世界不同国家和国际组织，足迹遍及五大洲 70 个国家和地区。尤其是新冠肺炎疫情发生以来，他同 60 多位外国领导人及国际组织负责人通话近百次，出席 10 余场重大多边活动，引领中国全方位参与国际抗疫合作，呼吁世界各主要国家支持发展中国家开展有效的抗疫活动。

例如，2016 年 9 月在中国杭州举办的二十国集团领导人峰会，为中国向世界提供解决人类社会面临的各类问题的中国方案提供了重要的平台。峰会从创新增长方式、完善全球经济金融治理、促进国际贸易和投资、推动包容联动式发展等领域，搭建了多国对话交流的平台。习近平同志在峰会开幕式上指出：希望在杭州举办的这次峰会能够在以往的基础上，为世界经济开出一剂标本兼治、综合施策的“药方”，让世界经济走上强劲、可持续、平衡、包容增长之路。他提出了针对当前挑战的中国方案，即我们应该加强宏观经济政策协调，合力促进全球经济增长、维护金融稳定；我们应该创新发展方式，挖掘增长动能；我们应该完善全球经济治理，夯实机制保障；我们应该建设开放型世界经济，继续推动贸易和投资自由化便利化；我们应该落实 2030 年可持续发展议程，促进包容性发展。这次峰会在发展领域有三个“第一次”，即第一次把发展问题置于全球宏观政策框架的突出位置，第一次制定落实联合国 2030 年可持续发展议程行动计划，第一次采取集体行动支持非洲和最不发达国家工业化。这很好地表达了广大发展中国家的愿望，充分体现了作为最大发展中国家的中国，在举办这次峰会时的深谋远虑。

习近平同志高度评价了这次峰会的深远影响：一是我们决心为世界经济指明方向，规划路径。继续加强宏观政策沟通和协调，促进世界经济强劲、可持续、平衡、包容增长。二是我们决心创新增长方式，为世界经济注入新动力，抓住创新、新工业革命、数字经济等新要素新业态带来的新机遇，支持以科技创新为核心，带动发展理念、体制机制、商业模式等全方位、多层次、宽领域创新，推动创新成果交流共享。三是我们决心完善全球经济金融治理，提高世界经济抗风险能力，全面提升全球经济金融治理结构的平衡性、机制的可靠性、行动的有效性，为世界经济增长保驾护航。四是我们决心重振国际贸易和投资这两大引擎的作用，构建开放型世界经济，促进包容协调的全球价值链发展，支持多边贸易体系，反对保护主义，释放全球经贸合作潜力，扭转全球贸易增长下滑趋势。五是我们决心推动包容和联动式发展，让二十国集团合作成果惠及全球，着力减少全球发展不平等、不平衡问题，为发展中国家人民带来实实在在的好处，为全人类共同发展贡献力量①。能够促成这五点共识的形成，就是中国对世界的重大贡献。

（二）新冠肺炎疫情以来坚定构建人类命运共同体的决心

2020 年是不平凡的一年，一场突如其来的新冠肺炎疫情席卷全球。全球感染新冠肺炎病毒的人数不断攀升，全球因新冠肺炎死亡的人数更是令人揪心。这场全球疫情给人类敲响了警钟，习近平同志在各种国际舞台和国际论坛上大声疾呼要“秉持人类命运共同体理念”，“深化命运共同体意识”，人类比以往任何时候都更需要有“命运共同体”理念和认识，这就是“中国主张”。这一年中，习近平同志对深化人类命运共同体进行了一系列新阐述新发展。

第一，他提出构建卫生健康共同体，“扎牢维护人类健康安全的篱笆”。2020 年 11 月 10 日，习近平在上海合作组织成员国元首理事会第二十次会议上提出：“加强抗疫合作，构建卫生健康共同体。”他不断呼吁：“病毒不分国界，团结合作是抗击疫情最有力的武器，全力挽救生命是当务之急。”为此，中国建议要加强各国联防联控，支持彼此抗疫努力，维护地区和全球公共卫生安全；要支持世界卫生组织发挥关键领

① 习近平．在二十国集团领导人杭州峰会上的闭幕辞．人民日报，2016-09-06（1）.

导作用，反对将疫情政治化、病毒标签化，共同抵制“政治病毒”；要用好本组织卫生领域合作机制，深化疫情监测、科研攻关、疾病防治等领域交流合作。2020 年 11 月 21 日，习近平在出席二十国集团领导人第十五次峰会第一阶段会议发表的讲话中再次提出：“要加强世界卫生组织作用，推进全球疾病大流行防范应对，扎牢维护人类健康安全的篱笆，构建人类卫生健康共同体。”① 面对空前严重的新冠肺炎疫情，人类的最好选择就是团结合作，这是战胜新冠肺炎疫情最有力的武器。最近几十年来，国际社会团结合作联合抗击了艾滋病、埃博拉、禽流感、甲型 H1N1 流感等重大疫情，取得了重要经验。2020 年 11 月 17 日，习近平同志在金砖国家领导人第十二次会晤上指出：“近一年的抗疫实践证明，只要团结一心、科学防治，病毒传播可以控制，疫情影响能够克服。”中国坚持认为“利用疫情搞‘去全球化’，鼓吹所谓‘经济脱钩’、‘平行体系’，最终只会损害本国和各国共同利益”。中国“坚定不移构建开放型世界经济，维护以世界贸易组织为核心的多边贸易体制，反对滥用国家安全之名行保护主义之实”②。

第二，他提出构建发展共同体，“推动世界共同发展”。2020 年 11 月 21 日，习近平同志在二十国集团领导人第十五次峰会第一阶段会议上强调指出：“即将过去的一年，人类经历了百年来最严重的传染病大流行，超过百万人失去生命，世界经济陷入衰退，社会民生遭遇重创，影响超出 2008 年发生的国际金融危机。”中国愿意身体力行，在帮助广大发展中国家方面做出更大的努力，中国承诺向发展中国家提供帮助和支持，努力让疫苗成为各国人民用得上、用得起的公共产品；中国提出建立基于核酸检测结果、以国际通行二维码为形式的健康码国际互认机制，希望更多国家参与；中国将为数字经济营造有利发展环境，加强数字安全合作，为各国科技企业创造公平竞争环境，同时弥合数字鸿沟；

---

① 习近平．勠力战疫　共创未来：在二十国集团领导人第十五次峰会第一阶段会议上的讲话．人民日报，2020-11-22（2）.

② 习近平．守望相助共克疫情　携手同心推进合作：在金砖国家领导人第十二次会晤上的讲话．人民日报，2020-11-18（2）.

中国全面落实二十国集团缓债倡议，总额超过 13 亿美元，并对确有困难的国家加大缓债减债力度。

第三，他提出构建人类命运共同体，让人类命运之舟行稳致远。面对当今世界的不稳定因素，各国不能视而不见、袖手旁观，特别是广大发展中国家面临的严重的发展困境更需要世界各国伸出援手。2020 年，习近平同志利用各种国际论坛反复强调要继续推动共建“一带一路”倡议，加强“一带一路”同各国发展战略及欧亚经济联盟等区域合作倡议深入对接；落实好二十国集团“暂缓最贫困国家债务偿还倡议”，积极开展国际发展合作，帮助非洲等发展中国家渡过难关；全面实施外商投资法及其实施条例，进一步缩减外商投资准入负面清单，稳步推动金融市场准入；等等。这些就是中国向世界传达的积极信号：中国将坚定不移奉行互利共赢的开放战略，从世界汲取发展动力，也让中国发展更好地惠及世界。他在上海合作组织成员国元首理事会第二十次会议上再次提出了他若干年前就向各国发出的问题：“世界怎么了，我们怎么办?”中国的答案十分坚定，那就是“秉持人类命运共同体理念”，“深化命运共同体意识”，“构建人类命运共同体”。他针对世界不同国家和不同地区面临的困难，还提出要构建“安全共同体”，遵循共同、综合、合作、可持续的安全观，有效应对各类威胁和挑战，营造良好地区安全环境；要构建“人文共同体”，促进文明互学互鉴，增进各国睦邻友好，夯实长远发展民意基础。

第四，他提出构建“亚太命运共同体”，使亚太命运共同体建设走在世界的前列。2019 年，他提出构建开放包容、创新增长、互联互通、合作共赢的亚太命运共同体。2020 年 11 月 19 日，习近平同志以视频方式在亚太经合组织工商领导人对话会上发表了题为《构建新发展格局 实现互利共赢》的主旨演讲，更是期待亚太各国加快构建亚太命运共同体。他指出：“这场疫情再次说明，人类命运休戚与共，各国利益紧密相连，世界是不可分割的命运共同体。无论是赢得全球抗疫最终胜利，还是推动世界经济复苏，国际社会必须团结协作，共同应对危机考验。”他进一步强调说：“亚太是我们的共同家园，维护亚太和平稳定、促进发展繁荣符合我们的共同利益。亚太各国既有人员密切往来之利，也有跨洋相望的地利之便。我们顺应市场规律，抓住经济全球化、区域经济一体化机遇，领风气之先，走在了世界经济增长的前列。亚太地区发展和区域经济合作深化，有其深刻的历史必然性，符合亚太各国人民的愿望，也必将继续展现出强大生命力。”① 2020 年 11 月 27 日，习近平同志在第十七届中国-东盟博览会和中国-东盟商务与投资峰会开幕式上指出：从 2013 年提出愿同东盟国家共建 21 世纪海上丝绸之路，携手共建更为紧密的中国-东盟命运共同体，7 年来，“中国-东盟关系成为亚太区域合作中最为成功和最具活力的典范，成为推动构建人类命运共同体的生动例证”②。

习近平同志指出：“人类生活在同一个地球村，各国利益休戚与共、命运紧密相连。各国人民对美好生活的向往更加强烈，和平、发展、合作、共赢的时代潮流不可阻挡。历史已经并将继续证明，睦邻友好必将超越以邻为壑，互利合作必将取代零和博弈，多边主义必将战胜单边主义。”③

（三）中国现代化强国建设更有助于构建人类命运共同体

2020 年 11 月 19 日，习近平同志在亚太经合组织工商领导人对话会上发表了题为《构建新发展格局　实现互利共赢》的主旨演讲。他信心百倍地向国际社会介绍了中国的发展战略，向世界传达了 2021 年“中国将开启全面建设社会主义现代化国家新征程，我们将科学把握新发展阶段，坚定贯彻新发展理念，积极构建以国内大循环为主体、国内国际双循环相互促进的新发展格局。我们提出构建新发展格局，是立足中国自身发展阶段和发展条件，充分考虑经济全球化和外部环境变化所作出

---

① 习近平. 构建新发展格局　实现互利共赢：在亚太经合组织工商领导人对话会上的主旨演讲. 人民日报，2020-11-20 (2).

② 习近平. 在第十七届中国-东盟博览会和中国-东盟商务与投资峰会开幕式上的致辞. 人民日报，2020-11-28 (2).

③ 习近平. 弘扬“上海精神”深化团结协作　构建更加紧密的命运共同体：在上海合作组织成员国元首理事会第二十次会议上的讲话. 人民日报，2020-11-11 (2).

的战略抉择”。

第一，中国将扭住扩大内需战略基点，畅通国民经济循环。近年来，中国市场和资源两头在外的发展模式已经悄然改变，外贸依存度由2006年的67%下降到2019年的近32%，经常项目顺差占国内生产总值比例由2007年的9.9%降至现在的不到1%。2008年世界金融危机发生以来，中国国内需求对经济增长的贡献率有7个年份超过100%，国内消费成为经济增长的主要动力。在推动经济双循环过程中，中国经济自主性和发展质量显著提升，构建新发展格局顺应了中国经济结构调整、推动高质量发展的内在需要。我们将继续深化供给侧结构性改革，在扩大内需上下更大功夫，使生产、分配、流通、消费更多依托国内市场，增强供给体系对国内需求的适配性，形成需求牵引供给、供给创造需求的更高水平动态平衡。

第二，中国将大力推动科技创新，打造经济发展新动能。当前，新一轮科技革命和产业变革加速发展，科技对提高社会生产力的贡献更加凸显。中国坚持把创新作为引领发展的第一动力，推进创新驱动发展战略，取得显著成就。随着中国进入新发展阶段，支撑发展的要素条件发生了深刻变化，必须实现依靠创新驱动的内涵型增长。我们将依托超大规模市场优势和完备产业体系，加速科技成果向现实生产力转化，打造科技、教育、产业、金融紧密融合的创新体系，不断提升产业链水平，为中国经济长远发展提供有力支撑。

第三，中国将持续深化改革，充分激发市场活力。中国改革开放40多年的实践表明，改革是解放和发展社会生产力的关键。随着中国进入新发展阶段，改革也面临新任务，我们将拿出更大勇气、更多举措破除深层次体制机制障碍，推进国家治理体系和治理能力现代化。我们将不断提高贯彻创新、协调、绿色、开放、共享新发展理念的能力和水平，转变发展方式，推动质量变革、效率变革、动力变革，加快现代化经济体系建设，加强产权和知识产权保护，建设高标准市场体系，完善公平竞争制度，让各类市场主体活力充分涌流。

构建人类命运共同体是一个长期的过程，需要长期坚持不懈的努力。在这一过程中，既不能幻想或期待一蹴而就，短时期就能构建起来，因而不能采取脱离实际特别是脱离广大发展中国家实际需要的做法与要求；也不能认为推进形成共识任务艰巨，国际局势错综复杂，因而生出难以完成的情绪，使我们的推进行动迟缓不力。人类命运共同体是新时代中国在国际思想舞台上和人类发展进程中树起的一面鲜明的大旗。

第八章

中国话语体系建设任重道远

8 中国话语体系建设任重道远

习近平同志指出："每个人都有理想和追求，都有自己的梦想。""实现中华民族伟大复兴，就是中华民族近代以来最伟大的梦想。这个梦想，凝聚了几代中国人的夙愿，体现了中华民族和中国人民的整体利益，是每一个中华儿女的共同期盼。"他还深入论述中国梦的内涵。他强调指出中国梦不仅是中国大陆人民的梦，而且也是海峡两岸同胞共同的梦，需要大家一起来圆梦；他强调指出中国梦不仅是中国人民的梦，还是惠及世界的梦；他强调指出中国梦是追求和平的梦，是追求幸福的梦，是奉献世界的梦①。正因如此，中国梦不仅是全体中国人民的梦，也是世界的梦。实现中华民族伟大复兴的中国梦，已经成为凝聚全体中国人民理想和共识的时代强音；追求和平、幸福和奉献的中国梦，已经成为倡导和响应构建人类命运共同体的强大动力。

一、塑造具有亲和力的中国国家形象

国家形象攸关国家命运，国家形象是国家的本质属性体现。中国是中国共产党领导的、人民当家作主的社会主义国家。党的十九大确立的到本世纪中叶的社会主义现代化建设目标，就是从现在开始再过 30 年把我国建成富强民主文明和谐美丽的社会主义现代化强国。在这里，富强、民主、文明、和谐、美丽就是中国未来 30 年要建设的国家形象，这也是为什么我们要把中国话语体系建设和国际话语体系构建作为重要内容的理由之一。那就是我们要把这样一个充满巨大感召力、亲和力和吸引力的中国国家形象介绍给世界各国和各国人民，让他们真正了解和认识一个伟大而可亲的中国。

（一）加快从国家层面塑造中国崭新国家形象

中华人民共和国成立 70 多年来特别是改革开放以来，我国的国家

① 习近平．在中法建交五十周年纪念大会上的讲话．人民日报，2014-03-29（2）．

形象发生了翻天覆地的变化，过去的被西方世界讥讽为“东亚病夫”的中国和中国人民，用自己的辛勤劳动彻底改变了中国的面貌。党的十八大以来，习近平同志更是高度关注中国国家形象的塑造，并发表了一系列重要指示，中国的国家形象大为改观。

据中国网 2019 年 10 月 18 日的报道，由当代中国与世界研究院主办的《中国国家形象全球调查报告 2018》发布。从这份调查报告可以看出，党的十八大以来，在以习近平同志为核心的党中央坚强领导下，中国的国家形象得到全方位提升。具体调查结论这里引述如下：

第一，中国整体形象保持稳定，内政外交受到好评。2018 年，海外受访者对中国的整体印象为 6.2 分（10 分制），延续了近年来小幅稳定上升的趋势。海外发展中国家对中国的印象仍然好于发达国家，且 2018 年提升了 0.2 分，呈逐年上升的趋势。中国对全球治理的贡献和国内治理的表现得分分别为 6.4 分和 6.3 分，其中国内治理表现得分相比 2017 年提升了 0.1 分，认可度略有上升。发展中国家受访者对中国的全球治理贡献度、国内治理表现的评价高于总体水平。海外受访者年龄越小，对中国全球治理和国内治理表现的评价越高。

第二，中国在科技、经济和文化领域的全球治理表现认可度高。在中国参与全球治理的领域中，科技（63%）、经济（60%）、文化（53%）是海外受访者最为认可的三个领域，认可度均超过五成。与 2017 年调查相比，海外受访者对中国未来参与全球治理各领域的期待均有所提升。约五成海外受访者希望未来中国在全球治理的科技、经济领域发挥更大作用。海外发展中国家受访者最期待中国在全球治理中发挥更大作用的领域是经济（61%）和科技（59%），发达国家受访者最为期待的领域是科技（42%）和文化（39%）。

第三，历史悠久、充满魅力的东方大国和全球发展的贡献者仍是中国最突出的国家形象。历史悠久、充满魅力的东方大国，仍是海外民众对中国的突出印象。海外发展中国家受访者选择此选项的比例超过发达国家，达到 62%；年龄越大的海外受访者，认为中国历史悠久、充满魅力的比例越高。此外，海外发展中国家受访者对中国形象的评价更为正面，特别是选择中国是全球发展贡献者的比例达60%，比上次调查数据上升了12%。

第四，受访者预期中国的国际地位和全球影响力会持续增强。海外受访者普遍看好中国经济未来发展，接近半数的受访民众认为中国将成为全球第一大经济体、引领新一轮全球化，为全球治理做出更多贡献。65%的海外受访者认为中国的国际地位和全球影响力将会持续增强。同时，海外受访者也关注中国面临的贫富分化、环境污染等问题与挑战。

第五，人类命运共同体理念对个人、国家、全球治理的积极意义获关注。总体来看，六成左右的海外受访者认为人类命运共同体理念对个人、国家、全球治理具有积极意义。其中，海外受访者认同人类命运共同体对全球治理的积极意义的比例最高，达62%。比较而言，海外发展中国家的受访者认同该理念具有积极意义的比例更高。海外36～65岁受访者更认可人类命运共同体理念对个人、国家、全球治理具有积极意义。

第六，“一带一路”的海外认知度不断提升。海外受访者对“一带一路”的整体认知度达到20%，在印度、日本、意大利等国家的认知度达到40%及以上。“一带一路”的认知度排在前五位的国家为：印度（50%）、日本（43%）、意大利（40%）、俄罗斯（30%）、韩国（30%）。在对“一带一路”倡议有所了解的人群中，“一带一路”倡议对地区和全球经济的积极意义更获认可。海外发展中国家的受访者对于“一带一路”倡议对个人、国家、地区和全球经济的积极意义更认可。

第七，中餐、中医药、武术仍是海外受访者认为最能代表中国文化的元素。海外受访者认为，中餐（55%）、中医药（50%）、武术（46%）是最能代表中国文化的三个方面。发达国家受访者倾向于选择中餐为最能代表中国文化的元素，而发展中国家受访者对中医药和武术的选择比例更高。79%的海外受访者体验过中国饮食文化，相比2017年调查数据稍有增长，主要是海外发展中国家受访者体验比例增加。在接触过中国饮食文化的受访者中，81%的人对中国饮食文化持有好印象，相比2017年好感度大幅提升。

第八，中国科技形象表现亮眼，通过与中国相关渠道了解中国的人数有所增长。认为中国科技创新能力强的海外受访者达 66%，其中海外发展中国家受访者的认可度远高于发达国家。在中国科技成就的认知度中，高铁技术在海外的认知度最高，其次是超级计算机和载人航天技术。海外民众了解中国信息的主要渠道是本国的传统媒体（48%）、使用中国产品（47%）。与 2017 年调查相比，海外受访者通过与中国相关渠道了解中国的人数有所增长，如听了解中国的人讲述中国信息、与中国人交往、接触中国在当地推出的新媒体、参加中国在当地的活动等①。

（二）加快从中心城市层面塑造中国崭新国家形象

在充分展示中国现代化国家新形象的同时，还要积极发挥中国现代化进程中中心城市和重要区域现代化事业蓬勃发展的案例的作用，向世界展现现代化进程中中国的新形象。作为中心城市代表的北京、上海、天津、重庆、广州、深圳等现代化大都市都承担着艰巨的建设任务和光荣的历史使命，作为重要区域代表的长江三角洲地区、珠江三角洲地区和京津冀地区同样承担着这样的建设任务和历史使命。

上海是中国改革开放和现代化建设的重要标杆，也是中国最大的国际化城市，上海的发展是整个中国发展的一个侧面和缩影。习近平同志将上海城市精神概括为“海纳百川、追求卓越、开明睿智、大气谦和”，将上海城市品格概括为“开放、创新、包容”，并对上海提升软实力做出了重要指示，这就为未来将上海打造成为具有世界影响力的社会主义现代化国际大都市确立了发展方向。为此，上海提出并规定了现代化国际大都市建设的基本指导思想和基本路径，这些都可以成为中国一些中心城市和重要区域可以借鉴的经验和做法。

上海要以提升城市能级和核心竞争力为战略牵引，以培育和践行社会主义核心价值观为根本任务，以弘扬城市精神和城市品格为价值引

① 新时代中国全球大国形象更加鲜明：《中国国家形象全球调查报告 2018》发布．中国网，2019-10-18.

领，以用好用活红色文化、海派文化、江南文化资源为关键支撑，以增强城市凝聚力、吸引力、创造力、竞争力、影响力为主攻方向，全面提升引领全国、辐射亚太、影响全球的城市软实力，让核心价值凝心聚力、让文化魅力竞相绽放、让现代治理引领未来、让法治名片更加闪亮、让都市风范充分彰显、让天下英才近悦远来，形成既讲规则秩序、又显蓬勃活力，既有国际风范、又有东方神韵，既能各美其美、又能美美与共，既可触摸历史、又能拥抱未来，既崇尚人人奋斗、又体现处处守望相助，那样一种干事创业热土、幸福生活乐园的生动图景①。

应该指出的是，增强上海等中心城市的文化软实力，实际上就是增强中国的文化软实力，中心城市特别是现代化国际大都市是国家发展的重要依托和国家形象的靓丽名片。将中国文化软实力建设的历史任务由国家层面延伸到中心城市特别是现代化国际大都市，对于加快中国文化软实力建设和提升国际影响力，具有特别重要的意义。例如，上海针对加强城市软实力建设和提升国际影响力，提出了要着力提升文化建设品位，塑造城市软实力的神韵魅力，构筑更具国际影响力的文化高地，培育涌现更多原创性的文化精品，保护传承“最上海”的城市文脉；提出了要着力构建现代治理体系，坚持把法治作为最根本的治理方式，展现城市软实力的善治效能，全力打造善治城市典范，积极参与全球治理体系变革；提出了要着力增强全球叙事能力，扩大城市软实力的国际影响，塑造城市品牌形象，讲好精彩城市故事，构筑对外交流平台；等等。

二、中国梦是中国话语体系建设的精神支柱和理想追求

中国梦的基础是中国特色社会主义道路、理论、制度和文化的生动

① 中国共产党上海市第十一届委员会第十一次全体会议决议. 新民网，2021-06-22.

体现，是中国近百年来历史发展的必然选择。中国梦立足于中国特色社会主义的不断丰富与完善，从根本上证明了中国特色社会主义的巨大优越性和生命力。

（一）中国梦蕴含着中国社会主义巨大的优越性和生命力

中国梦找到了根本“制度道路”。社会制度和发展道路是关乎一个国家生存与发展的立国之本。中华人民共和国成立 70 多年来，逐步探索并形成了中国特色社会主义社会制度和发展道路，这是确保中国 70 多年蓬勃发展的根本因素。在中国近现代史上，各种救国思想和主张层出不穷，各种社会改良试验纷至沓来，国家垄断资本主义道路、自由竞争资本主义道路和社会主义道路的交锋异常尖锐。历史已经证明，只有通过新民主主义建立社会主义才是中国近现代发展的唯一出路！中国共产党领导的新民主主义革命就是要推翻压在中国人民头上的帝国主义、封建主义和官僚资本主义，彻底改变中国半殖民地半封建社会的命运，在中国建立起崭新的社会主义制度。

在中国建立社会主义制度本身就是一件划时代意义的伟大事件。但是在这样一个经济文化社会基础都十分贫穷薄弱的国家建立社会主义，面临的困难和挑战则是难以想象的。在中国共产党和以毛泽东同志为核心的党的第一代中央领导集体的带领下，中国人民大力推进社会主义经济制度的建立和国家工业化建设，通过自力更生、艰苦奋斗，终于建设起了一个比较完整的现代工业体系和国民经济体系。在新中国经济建设中形成的“全国一盘棋”的“集中力量办大事”体制优势，成为在经济基础十分薄弱的条件下建设社会主义的基本经验与途径。那是一个战天斗地的岁月，那是一个激情燃烧的年代！

改革开放和现代化建设给社会主义中国的经济插上了腾飞的翅膀，中国共产党和以邓小平同志为核心的党的第二代中央领导集体开辟了有中国特色社会主义的新道路，焕发了中国人民建设中国特色社会主义的空前热情与活力，中国社会经济呈现了前所未有的快速发展，人民生活发生了巨大改变，中国的国际地位空前提高。事实更加证明，只有将社会主义与中国国情相结合才能在中国大地扎下根来，发挥社会主义制度的巨大优越性；只有社会主义充分调动广大人民群众的积极性和创造性，才能形成建设社会主义的巨大动力；只有充分学习和借鉴人类一切文明成果，包括西方资本主义创造的文明成果，才能更快地发展社会主义。解放思想、实事求是、与时俱进，成为改革开放这个时代的最强音。那是一个万众创业的岁月，那是一个快速腾飞的年代！

进入新时代以来，中国共产党和以习近平同志为核心的党中央确立了习近平新时代中国特色社会主义思想，这一思想成为我国新时代社会主义建设的指导思想，为新时代中国特色社会主义制度和道路开辟了广阔空间。与此同时，全面深化改革推动着中国经济向着更高阶段迈进，供给侧结构性改革推动着中国经济转型升级的全面展开，正在形成对内对外开放的新形势，塑造着中国新的战略格局。以新发展阶段、新发展理念、新发展格局为丰富内涵的新“两步走”战略，规划了到本世纪中叶全面建设社会主义现代化强国和实现中华民族伟大复兴的发展路径。

请记住这一个时代答卷：中华人民共和国成立 70 多年来经济发展速度保持了同期世界较高的发展水平，特别是改革开放以来更是实现世界最高的发展速度。如按不变价计算，2018 年中国 GDP 比 1952 年增长 175 倍，年均增长 8.1%；其中 1979—2018 年 GDP 年均增长 9.4%，远高于同期世界经济 2.9%左右的年均增速。这就使得中国经济在世界经济总量中的比重不断提升，1978 年中国 GDP 约占世界经济总量的比重为 1.8%，居全球第 11 位。2000 年升至世界第 6 位，2010 年超过日本并连年稳居世界第二位。党的十八大以来，中国综合国力持续提升，近四年来中国经济总量连续跨越 70 万亿元、80 万亿元、90 万亿元和 100 万亿元大关，目前中国经济总量占世界经济总量的比重超过 15%。

（二）中国梦是中国实现和平发展的强烈诉求

中国梦的本质是实现中华民族伟大复兴的高度概括，是中国实现和平发展的强烈诉求。中国梦立足于走出了一条符合本国国情的不同于西方资本主义发展模式的新道路，这就为世界上所有不发达国家摆脱贫困、实现现代化树立了典范。

中国梦是从中国实际出发提出的伟大梦想。习近平同志对于中华民族的过去、现在和未来用了“雄关漫道真如铁”“人间正道是沧桑”“长风破浪会有时”三句经典的诗句来概括，这是生动精彩的点睛之笔。中国人民在中国共产党的领导下，走过了从站起来到富起来的历史一步，目前正在迈出从富起来到强起来的伟大一步。经过中华人民共和国成立70多年，特别是改革开放40多年的艰苦奋斗，我们比历史上任何时期都更接近中华民族伟大复兴的目标，比历史上任何时期都更有信心、有能力实现这个目标。中国梦具有明确的奋斗目标，就是要在本世纪中叶实现建设社会主义现代化强国的目标，这个目标是全体中国人民的期待，也是全体中国人民的目标。实现中国梦的和平发展不仅会造福中国人民，而且也会造福全人类。习近平同志指出，“作为拥有近14亿人口的大国，中国做好自己的事，就是对人类社会最大的贡献”，中国“愿意承担相应的国际义务和责任”①。

中国的发展离不开世界，世界的发展也离不开中国。共同构建人类命运共同体、实现共赢共享是中国梦的必然内涵。人类命运共同体理念受到越来越多国家和人民的认可和响应，为什么会如此？根本因素就是中国秉持着这样的发展理念：“各国人民有权选择符合自身国情的发展道路。世界上没有哪一个国家和民族能够通过亦步亦趋、走别人的道路来实现自己的发展振兴，也没有一条一成不变的道路可以引导所有国家和民族实现发展振兴。中国要以自己的实践证明，国强未必称霸。这首先是中国五千年历史文化传统决定的，中国人没有扩张侵略的基因，秉持的是天下大同、天下为公的理念，不赞同你输我赢、零和博弈的思维。同时，中国在国际关系中坚持平等互利，愿与各国一道，共同构建人类命运共同体。”② 从广大发展中国家的发展进程来看，我们都有着共同和相似的历史遭遇、发展任务、共同利益和保护本国本民族文化的时代任务。所谓共同和相似的历史遭遇，就是都曾经长期遭受西方发达国

①② 习近平会见出席“2019从都国际论坛”外方嘉宾. 人民日报，2019-12-04（1）.

家的侵略和掠夺，都曾经经历了争取国家独立和民族解放的奋斗历程；所谓共同和相似的发展任务，就是都将摆脱经济依附、发展本国经济作为我们的基本目标，改善人民生活、实现经济腾飞是我们一致的愿望和要求；所谓共同和相似的共同利益，就是原有的全球化进程没有真正改变我们的面貌，只有寻求和推动新全球化才能有效改变自身的面貌；所谓共同和相似的保护本国本民族文化的时代任务，就是我们都有着保护和发展本国本民族文化的强烈愿望和要求，承担着探索本国文化现代化的历史使命，越是历史悠久和文化丰富的国家，越需要走出一条具有自己特色的发展道路。

我国学术界对中国与世界的关系有基本的共识，即中国的成长和成功得益于世界经济的发展和调整，相对和平的外部环境是中国快速发展的重要因素；新的全球治理需要有包括中国在内的新兴国家的参与，反之则不会促进新的全球治理格局的形成；中国未来的发展仍然需要更大程度更大规模地参与到全球化进程之中，中国的发展是世界发展的机遇；中国的发展道路不是照搬西方的发展道路，中国具有为世界提供崭新制度的责任。

请记住这一个时代答卷：中国国民经济结构和产业结构的深刻变化。1949 年中国的国民收入中，农业所占比重高达 68.4%，工业仅为 12.6%，1952 年第一、二、三产业的比重为 50.5%、20.9%、28.6%。到 1978 年三大产业的比重则为 28.1%、48.2%、23.7%，经济结构和产业结构面貌初步改观。到 2018 年三大产业比重已经调整为 7.2%、40.7%、52.2%，三大产业对经济增长的贡献率分别为 4.2%、36.1%、59.7%，改革开放使国民经济结构和产业结构调整驶上了快车道。

（三）中国梦是改革全球治理和全球治理体系的根本依据

中国梦的美好愿景是改革完善当今世界政治经济的格局、改革完善世界政治经济的版图、改革完善国际政治经济秩序的理想追求，不论遇到什么阻力和障碍，都不会改变这一世界历史发展的必然趋势。

每个时代都有属于这个时代的世界性话题。中国的发展与进步就是我们今天这个时代最有吸引力的世界性话题之一，中国梦也是我们今天这个时代最有感召力的世界性话题之一。随着中国经济总量的增强和中国国际地位的提升，随着中国国际交往的频繁和国家形象的改善，中国在世界舞台上的影响力迅速扩大，中国也成为一个越来越值得了解、越来越值得认识和越来越值得信任的国家。从工业结构和经济结构来看，目前中国拥有联合国产业分类中全部工业门类，有 200 多种工业品产量居世界第一，从 2010 年起制造业增加值稳居世界第一，似乎不需要外部的力量也能很好地发展，但这不是中国的选择。

习近平同志指出："当今世界正经历百年未有之大变局，中国同世界的关系也在发生历史性变化。""当前全球治理面临着复杂形势，国际秩序处于关键十字路口，实质是多边主义和单边主义之间何去何从的问题。现行国际秩序并不完美，但不必推倒重来，也不需另起炉灶，而是应在悉心维护的基础上改革完善。"① 正因如此，发挥中国的影响力就要大力推动构建人类命运共同体，这是中国在分析和评价当今世界发展大趋势后提出来的一个重要命题。人类命运共同体的核心思想是：当今世界各国相互联系、相互依存的程度空前加深，人类越来越成为你中有我、我中有你的命运共同体。发展中的中国愿意扩大同各国的利益交汇点，推动构建人类命运共同体。

16 世纪以来的全球化史说明，人类的共同利益和国家的利益交集越来越多。但同时人类社会仍存在着许多的曲折，有多少次冲突与战争都源于误解与偏见，尤其是文化不平等的偏见和歧视，所谓"愚昧"和"野蛮"成了多少血流成河的征伐战争"胜利者"堂而皇之的借口。我们今天面对的世界政治经济发展的不平衡不充分问题更为突出。今天的世界政治经济格局和政治经济秩序，仍然是在以美国为首的西方国家的主导下制定和形成的，它越来越不适应世界发展的新特点、新要求。正如习近平同志指出的那样："世界命运应该由各国共同掌握，国际规则应该由各国共同书写，全球事务应该由各国共同治理，发展成果应该由

---

① 习近平会见出席"2019 从都国际论坛"外方嘉宾. 人民日报，2019-12-04（1）.

各国共同分享。”[1] 中国梦的愿景就是构建人类命运共同体，实现共赢共享。习近平同志在 2019 年 6 月出席二十国集团领导人峰会时，号召负责任大国在世界经济再次来到十字路口的关键时刻要给世界经济和全球治理把准航向、为市场增强信心、给人民带来希望，提出要尊重客观规律、把握发展大势、胸怀共同未来。同时宣告中国将坚持改革创新，挖掘增长动力；坚持与时俱进，完善全球治理；坚持迎难而上，破解发展瓶颈；坚持伙伴精神，妥善处理分歧[2]。这表达了中国有信心走好自己的路、办好自己的事，同世界各国和平共处、合作共赢，共建人类命运共同体，为创造世界经济更加美好的明天不懈奋斗。这就是应对世界大发展大变革大调整的中国贡献和中国方案。

请记住这一个时代答卷：据有关统计，2008—2017 年中国企业进入全球 500 强的企业数分别为 37 家、46 家、61 家、73 家、89 家、95 家、98 家、103 家、109 家、111 家。在美国《财富》杂志发布的 2018 年全球 500 强企业排行榜中，中国企业达 120 家，仅次于美国的 126 家。其他如日本 52 家、德国 32 家、法国 28 家、英国 21 家、韩国 16 家、荷兰 15 家、瑞士 14 家，都远少于中国。2018 年全球 500 强企业平均销售收入 597 亿美元，中国入围企业平均销售 599 亿美元；全球 500 强企业平均利润 37.68 亿美元，中国入围企业平均利润 30.72 亿美元，总体看来基本持平。中国这些入围企业如此巨大的规模和实力，使它们迅速成为国际知名跨国公司并在海外享有很高声誉。这也是中国推动改革和完善世界经济体系的重要依托力量。

（四）中国梦鼓舞我们构建各美其美、美美与共的文明美好前景

中国梦的品质是物质文明和精神文明比翼双飞的发展过程，是各类文明相互尊重、相互包容的和谐境界，将极大推动世界各类文明构建各美其美、美美与共的美好前景。

---

① 习近平．习近平谈治国理政：第 2 卷．北京：外文出版社，2017：540.

② 习近平．习近平谈治国理政：第 3 卷．北京：外文出版社，2020：473-475.

中国梦是拥有崇高品质的伟大追求。伟大时代之所以伟大，不仅仅是因为人们的生活富裕程度，还因为发展视野的博大包容、发展力量的多元同向、发展成效的气势恢宏。中国梦的奋斗目标是到2050年实现社会主义现代化强国的目标，这一过程将更加重视精神文明的构建和追求。按照现行发展目标，就是中国到本世纪中叶实现现代化强国的建设目标，中国的人均收入水平与西方一些国家的人均收入水平也还会有差距，建设现代化强国就是使中国人民从物质上和精神上真正“强”起来。这个“强”是物质生活水平的“强”和精神生活水平的“强”的结合，要有更加符合时代发展特点的精神文明的构建和理想主义的追求。正如习近平总书记指出的那样：“实现中国梦，是物质文明和精神文明比翼双飞的发展过程。”“中国人民在实现中国梦的进程中，将按照时代的新进步，推动中华文明创造性转化和创新性发展……让中华文明同世界各国人民创造的丰富多彩的文明一道，为人类提供正确的精神指引和强大的精神动力。”“中华民族的先人们早就向往人们的物质生活充实无忧、道德境界充分升华的大同世界。中华文明历来把人的精神生活纳入人生和社会理想之中。”[①] 精神生活内容表明了人的生活境界和生活品质。中国正在悄悄地发生着深刻的生活变化，从1978年到2020年，全国城镇居民人均可支配收入从343元增加到43 834元，农民人均纯收入由134元增加到17 131元；2019年疫情前国内出游人数达到60.1亿人次，国内居民出境人数达到16 921万人次，人民生活发生了巨大变化。

当今世界，精神文化交流十分重要。一是精神文化被誉为一个国家和一个民族的灵魂，精神文化交流在沟通和加强各国人民之间的交流中发挥着重要的作用。只有精神文化上的沟通和理解不断加深，不同国家和民族之间的隔阂和误解才会消除，理解和共识才会增加。二是精神文化交流是加强国家之间特别是社会精英之间交流的重要方面，面对当前复杂多变的世界局势，这种交流就显得尤为重要。三是当前一些占据着话语权优势国家的行为和价值日益受到来自发展中国家的空前质疑和挑

① 习近平．在联合国教科文组织总部的演讲．人民日报，2014-03-28（3）．

战，需要发展中国家的学者在构建更加具有说服力和概括力的话语体系方面做出更大贡献。

历史发展到了今天，我们可以容得下世界的多样性存在，可以让人们去欣赏一切以往人们创造的优秀物质与文化遗产。社会经济生活是如此，诚如习近平总书记所言："各国相互协作、优势互补是生产力发展的客观要求，也代表着生产关系演变的前进方向。在这一进程中，各国逐渐形成利益共同体、责任共同体、命运共同体。无论前途是晴是雨，携手合作、互利共赢是唯一正确选择。这既是经济规律使然，也符合人类社会发展的历史逻辑。"① 精神文化生活更是如此，例如，习近平同志在 2019 年 11 月 22 日会见出席"创新经济论坛"外方代表时指出："没有一个国家可以成为独立的创新中心，或独享创新成果。创新成果应惠及全球，而不应成为埋在山洞里的宝藏。"② 中国愿与各国加强全面、深入、立体的相互了解，进而开展互利合作，实现共同繁荣。

（五）让世界更多地了解中国梦，真正"读懂中国"

思想的力量就在于它能够穿透和揭露狭隘的胸膛、利己的短识、顽固的偏见和无谓的误解。所以，中国文化国际传播的重点是向世界生动、深入、具体地讲好中国梦的丰富内涵，中国梦是讲好中国故事的时代魅力！

中国有着 5 000 年的文明发展史，有着 14 亿人口，中国正处在全面开启社会主义现代化国家建设新征程的发展道路上，让世界真正了解中国的任务，既是十分艰巨的跨越"傲慢与偏见"的过程，也是令人兴奋的文明交流互鉴的过程。对于世界文明对话的中国态度，莫过于当今中国人民津津乐道的"各美其美，美人之美，美美与共"所表达出来的乐观开放、和谐包容、与人为善、共筑和平的心态。

正像读者看到的那样，由一批国际著名人士参与的"读懂中国"国

---

① 习近平．登高望远，牢牢把握世界经济正确方向：在二十国集团领导人峰会第一阶段会议上的发言．人民网，2018-12-01．

② 习近平会见出席 2019 年"创新经济论坛"外方代表．人民日报，2019-11-23（1）．

际会议从 2013 年开始在中国举办，迄今已经举办了多届，已经成为国际智库和著名人士“读懂中国”的重要平台。2018 年年会主题是“中国发展新动能，全球合作新机遇”，2019 年年会主题是“新一轮经济全球化和中国改革开放再出发”，2020 年年会主题是“大变局、大考验、大合作——中国现代化新征程与人类命运共同体”。习近平同志高度关注会议的举行，几乎每次年会都致信祝贺或接见主要嘉宾，阐述中国对世界格局变化和中国发展道路的看法。在 2019 年“读懂中国”年会期间，习近平同志于 2019 年 10 月 25 日在北京会见了与会主要代表。习近平指出：当前经济全球化遇到一些曲折困难，但经济全球化潮流不可逆转，各国利益日益交融、命运更加休戚与共是大势所趋，不断创造更加美好的生活是各国人民的共同期待。中国是经济全球化的受益者，更是贡献者，将坚定不移走和平发展道路，奉行互利共赢开放战略，继续为开放型世界经济发展增添动力，同世界各国人民一道，推动经济全球化朝着更加开放、包容、普惠、平衡、共赢的方向发展，让经济全球化更好造福世界各国人民①。2019 年 11 月 22 日，习近平同志会见出席 2019 年“创新经济论坛”外方代表时指出：“我们提出实现中华民族伟大复兴的中国梦，但这个梦绝不是‘霸权梦’。我们没有准备去取代谁，只不过是让中国恢复应有的尊严和地位。”②

在 2020 年“读懂中国”年会期间，习近平同志向会议致贺信指出：当今世界正经历百年未有之大变局。突如其来的新冠肺炎疫情再次表明，人类是休戚与共的命运共同体。面对各种复杂严峻的挑战，人类比任何时候都更需要加强合作，共克时艰，携手前行。他向国际社会介绍了党的十九届五中全会和中国“十四五”时期的全面规划。2021 年中国开启全面建设社会主义现代化国家新征程，进入新发展阶段。希望与会嘉宾深入思考、积极研讨、凝聚共识，为促进中国和世界的交流合作、推动构建人类命运共同体贡献智慧和力量。

---

① 习近平向 2019 年“读懂中国”广州国际会议致贺信．人民日报，2019-10-27（1）．

② 习近平会见出席 2019 年“创新经济论坛”外方代表．人民日报，2019-11-23（1）．

参考文献

［1］阿尔蒙德，鲍威尔，多尔顿，等．当今比较政治学：世界视角：第 9 版．顾肃，吕建高，向青山，译．北京：中国人民大学出版社，2014．

［2］阿明．全球化时代的资本主义：对当代社会的管理．丁开杰，译．北京：中国人民大学出版社，2013．

［3］艾尔曼．科学在中国（1550—1900）．原祖杰，等译．北京：中国人民大学出版社，2016．

［4］奥哈拉．政治经济学百科全书．郭庆旺，等译．北京：中国人民大学出版社，2009．

［5］班代拉．美帝国的形成：从美西战争到伊拉克战争．舒建平，译．北京：中国人民大学出版社，2013．

［6］里奇，威尔逊．剑桥欧洲经济史：第 4 卷．张锦冬，钟和，晏波，译．北京：经济科学出版社，2003．

［7］博德．资本主义史（1500—1980）．吴艾美，杨慧玫，译．北京：东方出版社，1986．

［8］蔡昉．中国智慧．北京：中国社会科学出版社，2018．

［9］陈锦华，等．开放与国家盛衰．北京：人民出版社，2010．

［10］当代中国研究所．新中国 70 年．北京：当代中国出版

社，2019.

[11] 邓小平. 邓小平文选：第 2 卷. 2 版. 北京：人民出版社，1994.

[12] 邓小平. 邓小平文选：第 3 卷. 北京：人民出版社，1993.

[13] 恩格尔曼，高尔曼. 剑桥美国经济史：第 3 卷. 蔡挺，张林，李雅菁，译. 北京：中国人民大学出版社，2018.

[14] 福山. 政治秩序与政治衰败：从工业革命到民主全球化. 毛俊杰，译. 桂林：广西师范大学出版社，2015.

[15] 高柳信夫. 中国"近代知识"的生成. 唐利国，译. 北京：商务印书馆，2016.

[16] 国家发展和改革委员会国际合作中心对外开放课题组. 中国对外开放 40 年. 北京：人民出版社，2018.

[17] 郝立新，等. 当代中国文化阐释. 北京：北京人民出版社，2020.

[18] 贺耀敏，甄峰. 数字解读中国：中国的发展坐标与发展成就. 北京：中国人民大学出版社，2021.

[19] 亨廷顿. 文明的冲突与世界秩序的重建：修订版. 周琪，等译. 北京：新华出版社，2010.

[20] 胡锦涛. 胡锦涛文选：第 2 卷. 北京：人民出版社，2016.

[21] 胡锦涛. 胡锦涛文选：第 3 卷. 北京：人民出版社，2016.

[22] 江泽民. 江泽民文选：第 1 卷. 北京：人民出版社，2006.

[23] 江泽民. 江泽民文选：第 2 卷. 北京：人民出版社，2006.

[24] 金耀基. 百年中国学术与文化之变：探索中国的现代文明秩序. 香港：中华书局，2020.

[25] 卡赞斯坦，基欧汉. 谁在反对美国. 朱世龙，刘利琼，译. 北京：中国人民大学出版社，2015.

[26] 凯利. 强势时代：应对来自不确定世界的挑战. 王哲，译. 北京：中国人民大学出版社，2009.

[27] 林毅夫，付才辉. 解读世界经济发展. 北京：高等教育出版

社，2020.

［28］卢锋. 中国崛起的世界意义：中外经济学名家演讲实录. 北京：北京大学出版社，2014.

［29］罗宾斯. 资本主义文化与全球问题. 姚伟，译. 北京：中国人民大学出版社，2013.

［30］马克思，恩格斯. 马克思恩格斯全集：第 43 卷. 2 版. 北京：人民出版社，2016.

［31］马克思，恩格斯. 马克思恩格斯文集：第 1 卷. 北京：人民出版社，2012.

［32］马克思，恩格斯. 马克思恩格斯选集：第 1 卷. 3 版. 北京：人民出版社，2012.

［33］毛泽东. 毛泽东军事文集：第 6 卷. 北京：军事科学出版社，1993.

［34］毛泽东. 毛泽东选集：第 2 卷. 2 版. 北京：人民出版社，1991.

［35］毛泽东. 毛泽东选集：第 4 卷. 2 版. 北京：人民出版社，1991.

［36］欧阳淞，高永忠. 改革开放口述史. 北京：中国人民大学出版社，2014.

［37］佩雷菲特. 停滞的帝国：两个世界的撞击. 王国卿，毛凤支，等译. 北京：三联书店，1993.

［38］彭森，陈立，等. 中国经济体制改革重大事件. 北京：中国人民大学出版社，2008.

［39］曲青山，吴德刚. 改革开放四十年口述史. 北京：中国人民大学出版社，2019.

［40］全国哲学社会科学话语体系建设协调会议办公室. 第二届全国哲学社会科学话语体系建设理论研讨会论文集. 北京：中国人民大学出版社，2017.

［41］萨义德. 东方学. 王宇根，译. 北京：三联书店，2007.

[42] 斯蒂格利茨，沃尔什．经济学：第 3 版：下册．黄险峰，张帆，译．北京：中国人民大学出版社，2005.

[43] 斯彭斯，莱普泽格．全球化与增长：后危机时代的含义．刘学梅，译．北京：中国人民大学出版社，2016.

[44] 泰勒．原始文化．连树声，译．桂林：广西师范大学出版社，2005.

[45] 沃勒斯坦．现代世界体系：16 世纪的资本主义农业与欧洲世界经济的起源：第 1 卷．郭方，等译．北京：高等教育出版社，1998.

[46] 沃纳．国际工商管理百科全书：第 3 卷．2 版．北京：中国人民大学出版社，2008.

[47] 习近平．论党的宣传思想工作．北京：中央文献出版社，2020.

[48] 习近平．习近平谈治国理政．北京：外文出版社，2014.

[49] 习近平．习近平谈治国理政：第 2 卷．北京：外文出版社，2017.

[50] 习近平．习近平谈治国理政：第 3 卷．北京：外文出版社，2020.

[51] 毛泽东．毛泽东文集：第 6 卷．北京：人民出版社，1999.

[52] 逄先知，金冲及．毛泽东传（1949—1976）：下．北京：中央文献出版社，2003.

[53] 中共中央文献研究室．习近平关于社会主义经济建设论述摘编．北京：中央文献出版社，2017.

[54] 中共中央文献研究室．习近平关于社会主义文化建设论述摘编．北京：中央文献出版社，2017.

[55] 本书编写组．中国共产党简史．北京：人民出版社，2021.

“认识中国·了解中国”书系

中国智慧：十八大以来中国外交（中文版、英文版） 金灿荣
中国治理：东方大国的复兴之道（中文版、英文版） 燕继荣
中国声音：国际热点问题透视（中文版、英文版） 中国国际问题研究院
大国的责任（中文版、英文版） 金灿荣
中国的未来（中文版、英文版） 金灿荣
中国的抉择（中文版、英文版） 李景治
中国之路（中文版、英文版） 程天权
中国人的价值观（中文版、英文版） 宇文利
中国共产党就是这样成功的（中文版、英文版） 杨凤城
中国经济发展的轨迹 贺耀敏
当代中国人权保障（中文版、英文版） 常 健
当代中国农村（中文版、英文版） 孔祥智
教育与未来——中国教育改革之路（中文版、英文版） 周光礼 周 详
当代中国教育 顾明远
全球治理的中国担当 靳 诺 等
中国道路能为世界贡献什么（中文版、英文版、俄文版、法文版、日文版） 韩庆祥 黄相怀
时代大潮和中国共产党（中文版、英文版、法文版、日文版） 李君如
社会主义核心价值观与中国文化国际传播 韩 震
我眼中的中韩关系 [韩] 金胜一
中国人的理想与信仰（中文版、英文版） 宇文利

改革开放与当代中国智库（中文版、英文版） 朱旭峰
当代中国政治（中文版、英文版） 许耀桐
当代中国社会：基本制度和日常生活（中文版、英文版）
李路路 石 磊 等
国际关注·中国声音（中文版、英文版） 本书编写组
中国大视野 2——国际热点问题透视 中国国际问题研究院
中国大视野——国际热点问题透视 中国国际问题研究所
构建人类命运共同体（修订版） 陈 岳 蒲 俜
新时代中国声音：国际热点问题透视 中国国际问题研究院
中国生态文明新时代 张云飞
当代中国扶贫（中文版、英文版） 汪三贵
当代中国行政改革 麻宝斌 郝瑞琪
当代中国伦理的变迁 姚新中 王水涣
数字解读中国：中国的发展坐标与发展成就（中文版、英文版）
贺耀敏 甄 峰
中国经济：持续释放大国的优势和潜力 张占斌
对话中国 本书编写组
中国的持续快速增长之道 ［巴基］马和励
中国新时代（中文版、英文版） 辛向阳
中国之治的制度密码（中文版、英文版） 靳 诺 刘 伟
民族复兴的制度蓝图（中文版、英文版） 靳 诺 刘 伟
中国之治：国家治理体系和治理能力现代化十五讲（中文版、英文版）
杨开峰 等
消除贫困：中国的承诺 汪三贵 等
中国农业农村现代化（中文版、英文版） 孔祥智 等
以人民为中心：新时代中国民生保障（中文版、英文版） 郑功成
当代中国社会建设（中文版、英文版） 马庆钰
中国话语体系的建构 贺耀敏
中国互联网治理 匡文波

图书在版编目（CIP）数据

中国话语体系的建构/贺耀敏著. --北京：中国人民大学出版社，2021.12

（“认识中国·了解中国”书系）

ISBN 978-7-300-30040-5

Ⅰ.①中… Ⅱ.①贺… Ⅲ.①新闻学-传播学-研究-中国 Ⅳ.①G219.2

中国版本图书馆 CIP 数据核字（2021）第 242809 号

国家出版基金项目

“十三五”国家重点出版物出版规划项目

“认识中国·了解中国”书系

中国话语体系的建构

贺耀敏 著

Zhongguo Huayu Tixi de Jiangou

出版发行	中国人民大学出版社		
社　　址	北京中关村大街 31 号	**邮政编码**	100080
电　　话	010－62511242（总编室）		010－62511770（质管部）
	010－82501766（邮购部）		010－62514148（门市部）
	010－62515195（发行公司）		010－62515275（盗版举报）
网　　址	http://www.crup.com.cn		
经　　销	新华书店		
印　　刷	天津中印联印务有限公司		
规　　格	170 mm×240 mm　16 开本	**版　　次**	2021 年 12 月第 1 版
印　　张	14.5	**印　　次**	2023 年 2 月第 2 次印刷
字　　数	186 000	**定　　价**	58.00 元